초등 영문법

4단계 쓰기로 문법이 보인다

진짜진짜

쓰기

문법

BASIC 1

SISO Study

지은이 한동오

제7차 영어 교과서 개발에 참여한 바 있으며, 치열한 영어 학원가에서도 잘 가르치는 선생님으로 소문난 영어 교육 전문가입니다.
KD강남대치영어학원 원장을 역임하였고, 미국 예일대학교 디베이트 협회(YDSL)와 ASFL 영어 디베이트 협회가 연계한 Coach 및 Judge 자격을
보유하여 영어 디베이트 대회 심사위원으로 활동하였습니다. 《기적의 파닉스》《중학 필수 영단어 무작정 따라하기》, 《바쁜 3·4학년을 위한 빠른
영단어》, 《중학영어 듣기 모의고사》 외에 여러 권의 영어 분야 베스트셀러를 집필하였으며, 다수의 교재들이 미주 지역, 대만, 태국 등지로
수출되어 캐나다 교육청(Fraser Cascade School Board)으로부터 프로그램 교류에 대한 감사장을 받았습니다. 영어 학습법 분야에서 여러 개의
발명 특허를 획득하여 대한민국 발명가 대상, 캐나다 토론토 국제 선진기술협회장상, 말레이시아 발명 협회 MINDS 특별상, 국제지식재산권
교류회장상, 국제 CIGF 금상 등을 수상하였고, 학습법 발명 및 공로로 대한민국 교육 분야 신지식인으로 공식 선정되었습니다.

그린이 정현수

대학에서 국어교육을 전공한 후에 그림이 좋아 M-Visual School에서 그림을 배웠습니다. 현재 프리랜서 일러스트레이터로 즐겁게 그림을 그리고
있습니다. 주로 [한화], [안전보건공단], [서울삼성병원] 등 다수의 간행물을 작업하였으나 현재는 어린이 그림책으로 점점 범위를 넓히고 있습니다.
어린이 책으로는 잉글리시 에그의 《Simple Simon》, 크래들의 《마법의 유치원 화장실》 등을 작업하였으며, 더 빨리 부지런히 걸어 많은 어린이들과
만나고자 합니다. 이번에 시소스터디와의 새로운 인연으로 경험하지 못했던 학습물에 도전, 《진짜 진짜 알파벳》에 이어 《초등 영문법 진짜 진짜 쓰기
문법》도 함께 하게 되었습니다. 코로나로 힘들었던 대구의 그 봄날에 '어린이 친구들이 명작동화를 통해 재미있게 영어 문법을 공부할 수 있었으면
좋겠다'라는 생각을 하며 작업하였습니다.

초판 발행	2021년 3월 22일
초판 2쇄	2022년 7월 8일
글쓴이	한동오
그린이	정현수
편집	김은경, 정진희, 김한나
펴낸이	엄태상
영문 감수	Kirsten March
디자인	권진희, 진지화
조판	이서영
마케팅본부	이승욱, 왕성석, 노원준, 조성민, 이선민
경영기획	조성근, 최성훈, 정다운, 김다미, 최수진, 오희연
물류	정종진, 윤덕현, 양희은, 신승진
펴낸곳	시소스터디
주소	서울시 종로구 자하문로 300 시사빌딩
주문 및 문의	1588-1582
팩스	0502-989-9592
홈페이지	www.sisostudy.com
네이버카페	시소스터디공부클럽 cafe.naver.com/sisasiso
네이버블로그	blog.naver.com/sisosisa
인스타그램	instagram.com/siso_study
이메일	sisostudy@sisadream.com
등록일자	2019년 12월 21일
등록번호	제2019 - 000148호

ISBN 979-11-91244-10-6 64740
　　　979-11-91244-09-0 64740 (세트)

머리말

이 책은 누구나 쉽고 재미있게 학습하도록 구성되어 있습니다. 아울러 학습 효과를 극대화하기 위해서 4단계 쓰기 학습법을 적용하였습니다. 앞에서 배운 내용을 손으로 기억하고 자동적으로 응용할 수 있도록 설계한 특별한 방법입니다. 4단계 쓰기 학습법이란 아래와 같이 네 번 쓰는 것을 말합니다.

1 골라 쓰기(Choice Based Learning)
문제의 맥락과 배경을 이해하도록 도와줍니다. 그래서 문제를 막연하게 느끼지 않고 수월하게 접근할 수 있습니다. 대부분 쉽게 고를 수 있기 때문에 학습 의욕 또한 높여줍니다.

2 비교 쓰기(Comparison Learning)
하버드 대학교의 연구 결과에 따르면, 상호 비교를 하면서 문제에 접근하게 되면 추정 능력, 즉 정답에 대한 예측 능력을 향상시킬 수 있습니다.

3 채워 쓰기(Complement Learning)
비어 있는 부분을 채우기 위해 노력을 기울이기 때문에 기억력 향상에 크나큰 도움을 줍니다. 뇌과학자들은 이것을 생성 효과라고 부릅니다.

4 고쳐 쓰기(Rewriting Learning)
학습한 내용을 종합적으로 정리할 수 있습니다. 자신이 아는 것과 모르는 것을 깨닫게 되고, 스스로 문제점을 알게 되어 해결책을 찾아냅니다. 인지심리학에서 말하는 메타인지능력을 높이는 과정이며 최대의 학습 효과를 얻을 수 있습니다.

이 책을 활용하는 방법을 간단히 소개해 보겠습니다.

그림, 설명, 네 번 쓰기를 기억하세요!
❶ 그림으로 보는 학습 미리보기와 세계 명작의 한 장면을 잘 보고 퀴즈를 풀어보세요.
❷ 문법 개념 설명을 확인하면서 빈칸을 채우고 퀴즈를 풀어보세요.
❸ 4단계 쓰기 문제가 나오면 이제 네 번 쓰기를 열심히 연습하세요.

위의 방법대로 차근차근 공부해 나가면 어느새 영문법이 재미있어질 것입니다.
이 책이 여러분의 영어 실력에 도움이 되어서 '진짜 진짜 좋은 교재'가 되기를 저자로서 진심으로 바랍니다.

한동오

구성 및 활용법

세계 명작으로 만나는 진짜 살아있는 영문법
4단계 쓰기 학습법으로 문장 쓰기 실력이 향상되고,
영어에 대한 자신감이 생겨요!

1

학습 미리보기

본격적인 학습에 앞서
해당 Chapter에서 배울
문법 내용을 그림으로
한눈에 확인할 수 있어요.

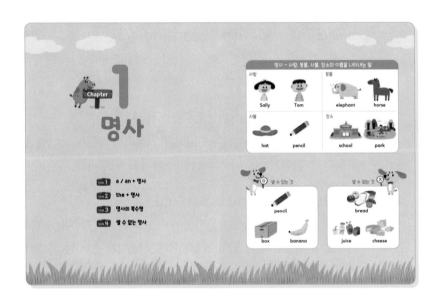

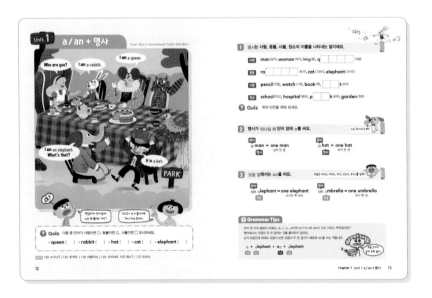

2

세계 명작과 문법 연계

세계 명작 동화의 한 장면이
문법에 대한 흥미를 이끌어주어
쉽고 재미있게 이해할 수 있어요.
개념 설명을 읽으면서 빈칸을 채우고
퀴즈를 풀어보며 학습 내용을
바로바로 확인해요.

3 4단계 쓰기 훈련

매일 4단계 쓰기 학습법으로 문법 개념을 깨치고 익힐 수 있어요. 골라 쓰고, 비교 쓰며, 채워 쓰고, 고쳐 써보면 어느새 문법이 쉬워져요. 기초를 탄탄하게 다지는 학습법으로 쓰기를 완성하세요!

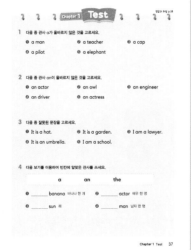

4 문법 최종 정리

한눈에 보기 쉽게 정리한 Review는 핵심 규칙을 다시 한번 복습할 수 있도록 도와줘요. 한 Chapter가 끝나면 Test를 통해 문제를 풀어 보며 문법 실력을 키울 수 있어요.

Workbook

매 Unit을 공부한 후 워크북으로 연습해요. 워크북의 Chapter Wrap Up으로 마무리하며 학습 내용을 종합적으로 점검할 수 있어요.

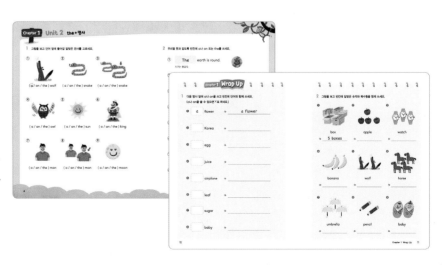

차 례

Chapter 1 명사

Chapter 2 대명사

BASIC 2 미리보기

20일 완성 학습 플랜
하루에 한 개 Unit을 학습하고 워크북으로 정리해요

 쉬워요  괜찮아요 어려워요

		학습 분량	학습 날짜	나의 학습 기록
1일차	Chapter 1	Unit 1 / 워크북	____월 ____일	😄 😐 😣
2일차		Unit 2 / 워크북	____월 ____일	😄 😐 😣
3일차		Unit 3 / 워크북	____월 ____일	😄 😐 😣
4일차		Unit 4 / 워크북	____월 ____일	😄 😐 😣
5일차		Test / 워크북 Wrap Up	____월 ____일	😄 😐 😣
6일차	Chapter 2	Unit 1 / 워크북	____월 ____일	😄 😐 😣
7일차		Unit 2 / 워크북	____월 ____일	😄 😐 😣
8일차		Unit 3 / 워크북	____월 ____일	😄 😐 😣
9일차		Unit 4 / 워크북	____월 ____일	😄 😐 😣
10일차		Test / 워크북 Wrap Up	____월 ____일	😄 😐 😣
11일차	Chapter 3	Unit 1 / 워크북	____월 ____일	😄 😐 😣
12일차		Unit 2 / 워크북	____월 ____일	😄 😐 😣
13일차		Unit 3 / 워크북	____월 ____일	😄 😐 😣
14일차		Unit 4 / 워크북	____월 ____일	😄 😐 😣
15일차		Test / 워크북 Wrap Up	____월 ____일	😄 😐 😣
16일차	Chapter 4	Unit 1 / 워크북	____월 ____일	😄 😐 😣
17일차		Unit 2 / 워크북	____월 ____일	😄 😐 😣
18일차		Unit 3 / 워크북	____월 ____일	😄 😐 😣
19일차		Unit 4 / 워크북	____월 ____일	😄 😐 😣
20일차		Test / 워크북 Wrap Up	____월 ____일	😄 😐 😣

Chapter 1

명사

명사 – 사람, 동물, 사물, 장소의 이름을 나타내는 말

사람

Sally   Tom

동물

elephant   horse

사물

hat   pencil

장소

school   park

셀 수 있는 것

pencil

box   banana

셀 수 없는 것

bread

juice   cheese

a / an + 명사

From 'Alice in Wonderland' (이상한 나라의 앨리스)

해석 너는 누구니? / 나는 토끼야. / 나는 여왕이야. / 나는 코끼리야. 저건 뭐니? / 그건 모자야.

1 명사는 사람, 동물, 사물, 장소의 이름을 나타내는 말이에요.

> **사람** man (남자), woman (여자), king (왕), q ☐☐☐☐ (여왕)

> **동물** ra ☐☐☐☐ (토끼), cat (고양이), elephant (코끼리)

> **사물** pencil (연필), watch (시계), book (책), ☐☐ t (모자)

> **장소** school (학교), hospital (병원), p ☐☐ k (공원), garden (정원)

? Quiz 위의 빈칸을 채워 보세요.

2 명사가 하나일 때 단어 앞에 a를 써요.

> a는 관사라고 해!

> **관사**
> a man = one man
> **명사**   남자 한 명

> **관사**
> a hat = one hat
> **명사**   모자 한 개

3 모음 앞에서는 an을 써요.

> 모음은 아(a), 에(e), 이(i), 오(o), 우(u)를 말해.

> **관사**
> an elephant = one elephant
> **모음**   코끼리 한 마리

> **관사**
> an umbrella = one umbrella
> **모음**   우산 한 개

🔔 Grammar Tips

단어 첫 자의 발음이 모음(a, e, i, o, u)이면 a가 아니라 an이 오는 이유는 무엇일까요?
영어에서는 모음이 두 번 겹치는 것을 좋아하지 않아요.
a가 모음인데 뒤에도 모음이 오면 모음이 두 번 겹치기 때문에 an을 쓰는 거랍니다.

> a + elephant ▶ an + elephant
> 모음 모음   자음 모음

> 모음 2개가
> 같이 오면 싫어.

① I am a (rabbit).
나는 토끼다.

→ rabbit

② I am a wolf.
나는 늑대다.

→

③ I am a teacher.
나는 선생님이다.

→

④ It is an umbrella.
그것은 우산이다.

→

⑤ It's a bag.
그것은 가방이다.

→

⑥ It's a cap.
그것은 모자다.

→

⑦ It's a library.
그것은 도서관이다.

→

⑧ It is a pencil.
그것은 연필이다.

→

잠깐만요!

▶ 우리말에서는 a나 an을 해석하지 않는 것이 자연스러워요.
▶ 〈It is ~〉는 보통 동물이나 사물을 가리켜서 '그것은 ~이다'라는 뜻이에요. 줄여서 〈It's ~〉라고도 해요.

Words rabbit 토끼 | wolf 늑대 | teacher 선생님 | umbrella 우산 | cap (야구)모자 |
library 도서관 | pencil 연필

① 나는 / 이다 / 여우.

I am a fox.

나는 / 이다 / 코끼리.

I am __an__ elephant.

② 나는 / 이다 / 왕.

I am a king.

나는 / 이다 / 여왕.

I am _____ queen.

③ 나는 / 이다 / 가수.

I am a singer.

나는 / 이다 / 요리사.

I am _____ cook.

④ 나는 / 이다 / 배우.

I am an actor.

나는 / 이다 / 여배우.

I am _____ actress.

⑤ 그것은 / 이다 / 야구 모자.

It is _____ cap.

그것은 / 이다 / 우산.

It is _____ umbrella.

⑥ 그것은 / 이다 / 고양이.

It is _____ cat.

그것은 / 이다 / 부엉이.

It is _____ owl.

Words
fox 여우 | king 왕 | queen 여왕 | singer 가수 | cook 요리사 | actor (남자)배우 |
actress 여배우 | cap (야구)모자 | owl 부엉이

① I am [a] rabbit. 나는 토끼다.

② It is [ ] elephant. 그것은 코끼리다.

③ I am [ ] queen. 나는 여왕이다.

④ It is [ ] owl. 그것은 부엉이다.

⑤ I am [ ] actor. 나는 배우다.

⑥ It's [ ] hat. 그것은 모자다.

⑦ I am [ ] cook. 나는 요리사다.

⑧ It's [ ] umbrella. 그것은 우산이다.

Words rabbit 토끼 | elephant 코끼리 | queen 여왕 | owl 부엉이 | actor (남자)배우 | hat 모자 | cook 요리사 | umbrella 우산

고쳐 쓰기

밑줄 친 부분을 바르게 고쳐 문장을 써 보세요.

① I am <u>teacher</u>. 나는 선생님이다.

→ I am a teacher.

② I am <u>a</u> actress. 나는 여배우다.

→ _____

③ I am <u>a</u> actor. 나는 배우다.

→ _____

④ I am <u>an</u> singer. 나는 가수다.

→ _____

⑤ It is <u>an</u> hat. 그것은 모자다.

→ _____

⑥ It is <u>an</u> park. 그것은 공원이다.

→ _____

⑦ It is <u>a</u> umbrella. 그것은 우산이다.

→ _____

⑧ It is <u>elephant</u>. 그것은 코끼리다.

→ _____

 Words   **teacher** 선생님 | **actress** 여배우 | **actor** (남자)배우 | **singer** 가수 | **hat** 모자 |
park 공원 | **umbrella** 우산 | **elephant** 코끼리

From 'The Jungle Book' (정글북)

Quiz 위 그림에서 화살표가 있는 단어를 찾아 **the**와 함께 쓰세요.

- t [ ][ ] sun
- [ ][ ][ ] b [ ] nan [ ]
- [ ][ ][ ] sn [ ][ ][ ]

해석 일어나! 해가 중천에 떠 있어. / 난 그 바나나가 좋아. / 그 뱀 조심해! / 오, 이런!

18

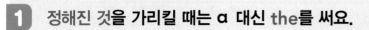

1 정해진 것을 가리킬 때는 **a** 대신 **the**를 써요.

a banana
바나나 한 개

the banana
그 바나나

a snake
뱀 한 마리

the snake
그 뱀

a man
남자 한 명

the man
그 남자

a clock
시계 한 개

the clock
그 시계

2 세상에 단 하나밖에 없는 것 **앞에는 the**를 써야 해요.

보기

달
해
하늘
세계
지구
바다

the **sun** ( )   the **moon** ( )

the **earth** ( )   the **sky** ( )

the **sea** ( )   the **world** ( )

? Quiz   보기에서 알맞은 우리말을 골라 빈칸에 쓰세요.

! Grammar Tips

말하는 사람이 알고 있는 것을 듣는 사람도 알고 있으면 the를 써요. 그리고 한 번 말한 명사를 다시 말할 때도 뒤에 나온 명사 앞에 the를 씁니다.

I have the cap.
나는 그 모자가 있다.

It is a pen. The pen is new.
그것은 펜이다. 그 펜은 새것이다.

① a /(the) sky

➡ _____the sky_____

⑤ a / the sea

➡ _____

② a / the sun

➡ _____

⑥ a / the moon

➡ _____

③ an / the earth

➡ _____

⑦ a / the world

➡ _____

④ a / the banana

➡ _____

⑧

an / the elephant

➡ _____

Words | sky 하늘 | sun 태양 | earth 지구 | banana 바나나 | sea 바다 | moon 달 |
world 세계, 세상 | elephant 코끼리

① 그것은 / 이다 / 코끼리.

It is an elephant.

나는 / 좋아한다 / 그 코끼리를.

I like __the__ elephant.

② 나는 / 이다 / 가수.

I am a singer.

나는 / 좋아한다 / 그 가수를.

I like _____ singer.

③ 나는 / 이다 / 조종사.

I am a pilot.

나는 / 좋아한다 / 그 조종사를.

I like _____ pilot.

④ 그것은 / 이다 / 공책.

It is _____ notebook.

그것은 / 이다 / 연필.

It is a pencil.

⑤ 그것은 / 이다 / 달.

It is _____ moon.

그것은 / 이다 / 태양.

It is _____ sun.

⑥ 그것은 / 이다 / 하늘.

It is _____ sky.

그것은 / 이다 / 바다.

It is _____ sea.

Words like 좋아하다 | singer 가수 | pilot 조종사 | notebook 공책 | pencil 연필 | moon 달 | sky 하늘

① I like **the** moon. 나는 달을 좋아한다.

② _____ sun is high. 해가 높이 떠 있다.

③ _____ earth is round. 지구는 둥글다.

④ _____ world is wide. 세계는 넓다.

⑤ I like _____ sky. _____ sky is blue. 나는 하늘을 좋아한다. 하늘은 파랗다.

⑥ What's that in _____ sea? 바다에 저것은 무엇이니?

⑦ Watch out for _____ snake! 그 뱀 조심해!

⑧ Watch out for _____ car! 그 차 조심해!

잠깐만요!

▶ 문장을 시작할 때는 첫 글자를 항상 대문자로 써요.
The moon is bright. 달이 밝다.

Words high 높은 | round 둥근 | wide 넓은 | blue 푸른, 파란 | watch out 조심하라고 할 때 하는 말 | snake 뱀 | car 자동차

고쳐 쓰기

밑줄 친 부분을 바르게 고쳐 문장을 써 보세요.

① A sun is high. 해가 높이 떠 있다.

→ The sun is high.

② Watch out for a snake! 그 뱀 조심해!

→

③ I like a moon. 나는 달을 좋아한다.

→

④ An earth is round. 지구는 둥글다.

→

⑤ It's a pencil. A pencil is new. 그것은 연필이다. 그 연필은 새것이다.

→

⑥ A sky is blue. 하늘은 파랗다.

→

⑦ Look at a sea! 바다를 봐!

→

⑧ It's a bike. A bike is red. 그것은 자전거다. 그 자전거는 빨간색이다.

→

Words　high 높은 ｜ watch out 조심하라고 할 때 하는 말 ｜ round 둥근 ｜ pencil 연필 ｜
new 새, 새로운 ｜ bike 자전거 ｜ red 빨간색, 빨간

From 'The Giving Tree' (아낌없이 주는 나무)

❓ Quiz 위 그림을 보고 명사들의 개수를 찾아 적으세요.

- **trunk** ( ) • **leaves** ( ) • **branches** ( ) • **apples** ( )

해석 나는 나뭇잎이 여섯 장 있어요. / 나는 몸통이 있어요. / 나는 나뭇가지가 다섯 개 있어요. / 나는 사과가 열 개 있어요.

1 명사가 하나보다 많을 때 단어 뒤에 -s를 붙여요.

단수		복수
a pencil	+s ➡	two pencils 연필 두 개
an apple		three apples 사과 세 개

2 /스/와 비슷한 소리로 끝나는 명사 뒤에는 -es를 붙여요.

/스/와 비슷하게 나는 소리에는 s, ch, sh, x가 있어.

단수		복수
a bus		two buses 버스 두 대
a watch	+es ➡	three watches 시계 세 개
a dish		four dishes 접시 네 개
a fox		five foxes 여우 다섯 마리

3 y로 끝나는 명사는 y를 빼고 -ies를 붙여요.

y랑 i는 발음이 거의 같아.

단수		복수
a baby	+ies ➡	three babies 아기 세 명
a butterfly		two butterflies 나비 두 마리

4 f나 fe로 끝나는 명사는 f나 fe를 빼고 -ves를 붙여요.

단수		복수
a leaf	+ves ➡	five leaves 나뭇잎 다섯 장
a knife		six knives 칼 여섯 개

❗ Grammar Tips

흔히 '하나'를 표현할 때는 one 대신 a/an을 많이 사용해요.

I have a pen. 나는 펜이 하나 있다.

① I have a (pencil) / pencils .   ➡   1 pencil

나는 펜 한 개가 있다.

② I have two   apples / applees .   ➡

_____

나는 사과 두 개가 있다.

③ I have three   watchs / watches .   ➡

_____

나는 시계 세 개가 있다.

④ There are four   leafs / leaves .   ➡

_____

나뭇잎 네 장이 있다.

⑤ I have five   boxes / boxs .   ➡

_____

나는 상자 다섯 개가 있다.

⑥ There are six   knives / knifes .   ➡

_____

칼 여섯 개가 있다.

⑦ I have seven   dishs / dishes .   ➡

_____

나는 접시 일곱 개가 있다.

⑧ There are eight   butterflies / butterflyes .   나비 여덟 마리가 있다.

   ➡

_____

잠깐만요!

▶ There is/There are는 '~이 있다'라는 의미예요. There is 뒤에는 단수 명사가 오고, There are 뒤에는
복수 명사가 와요.

Words   have 가지다, 있다 │ watch (손목)시계 │ leaf 나뭇잎 │ box 상자 │ knife 칼 │ dish 접시 │
butterfly 나비

26

비교 쓰기 두 문장을 서로 비교해 보고 빈칸에 알맞은 말을 써 보세요.

① 그것은 / 이다 / 달걀.

It is an egg.

그것들은 / 이다 / 달걀들.

They are ___eggs___ .

② 있다 / 시계가.

There is a watch.

있다 / 시계들이.

There are _____ .

③ 나는 / 가지고 있다 / 펜을.

I have a pen.

나는 / 가지고 있다 / 펜 두 개를.

I have two _____ .

④ 나는 / 가지고 있다 / 접시를.

I have a dish.

나는 / 가지고 있다 / 접시 두 개를.

I have two _____ .

⑤ 나는 / 본다 / 아기를.

I see a baby.

나는 / 본다 / 아기 세 명을.

I see three _____ .

⑥ 있다 / 나뭇잎이.

There is a leaf.

있다 / 나뭇잎 열 장이.

There are ten _____ .

Words egg 달걀 | watch (손목)시계 | pen 펜 | dish 접시 | baby 아기 | leaf 나뭇잎

① I have nine watch **es** . 나는 시계 아홉 개가 있다.

② I have ten dog ___ . 나는 개 열 마리가 있다.

③ I have eleven branch ___ . 나는 나뭇가지 열한 개가 있다.

④ I have twelve book ___ . 나는 책 열두 권이 있다.

⑤ There are thirteen egg ___ . 달걀 열세 개가 있다.

⑥ There are fourteen bab ___ . 아기 열네 명이 있다.

⑦ I have fifteen pencil ___ . 나는 연필 열다섯 개가 있다.

⑧ There are sixteen lea ___ . 나뭇잎이 열여섯 장이 있다.

잠깐만요!

▶ 숫자 13(thirteen)부터 19(nineteen)까지는 끝에 -teen이 붙어요.

Words watch (손목)시계 | branch 나뭇가지 | book 책 | egg 달걀 | baby 아기 | pencil 연필 | leaf 나뭇잎

28

① I have two <u>boxs</u>. 나는 상자 두 개가 있다.

➡ **I have two boxes.**

② I have a <u>watches</u>. 나는 시계가 있다.

➡ _____

③ I have two <u>dishs</u>. 나는 접시 두 개가 있다.

➡ _____

④ I have an <u>applees</u>. 나는 사과가 있다.

➡ _____

⑤ There are three <u>babyes</u>. 아기 세 명이 있다.

➡ _____

⑥ There is a <u>buss</u>. 버스가 있다.

➡ _____

⑦ There are <u>housies</u>. 집들이 있다.

➡ _____

⑧ There is a <u>leaves</u>. 나뭇잎이 있다.

➡ _____

Words box 상자 | watch (손목)시계 | dish 접시 | apple 사과 | baby 아기 | bus 버스 | house 집 | leaf 나뭇잎

셀 수 없는 명사

From 'Adventures of Huckleberry Finn' (허클베리 핀의 모험)

Quiz 담는 그릇에 따라 모양이 변하는 것에 동그라미 하세요.

- milk (　　) - apple (　　) - water (　　) - banana (　　)

해석 배고파. 빵 좀 줘. / 여기 있어. / 괜찮아? 물 줄까, 우유 줄까?

1 명사에는 셀 수 있는 명사와 셀 수 없는 명사가 있어요.

셀 수 있는 명사	셀 수 없는 명사
a cat ➡ cats	a water (×) / waters (×)
an apple ➡ apples	a cheese (×) / cheeses (×)

셀 수 없는 명사는 앞에 a나 an을 쓸 수 없고, 복수를 만들 수도 없어.

2 담는 그릇에 따라 모양이 바뀌는 것은 셀 수 없는 명사예요.

- **water**(물)
- **milk**(우유)
- **juice**(주스)
- **coffee**(커피)
- **sugar**(설탕)
- **salt**(소금)

도대체 몇 개야? 담는 그릇에 따라 다르니 원!

포기해. 그래서 물은 못 세는 거야.

3 특정한 모양이 정해져 있지 않은 것도 셀 수 없는 명사예요.

- **cheese**(치즈)
- **bread**(빵)
- **butter**(버터)

이것도 치즈　이것도 치즈　　이것도 빵　이것도 빵　이것도 빵　　이것도 _____

❓ **Quiz** 위의 빈칸을 채워 보세요.

4 사람 이름, 나라 이름, 도시 이름도 셀 수 없는 명사예요.

Tom　　　　**Sally**　　　　**Korea**　　　　**Paris**

① Give me some flowers /(tea) .

② I have some water / apples .

③ She is Amy / a doctor .

④ I have some books / bread .

⑤ There is some leaves / milk .

⑥ Give me some shoes / juice .

⑦ Give me some coffee / sweaters .

⑧ I live in a house / Paris .

잠깐만요!

▶ some은 '조금, 약간'이라는 뜻이에요. 하나보다 많은 복수 명사나 셀 수 없는 명사 앞에 쓸 수 있어요.
I have some apples. 나는 사과가 조금 있다.   I have some cheese. 나는 치즈가 조금 있다.

Words flower 꽃 | tea (마시는) 차, 티 | water 물 | shoes 신발 | juice 주스 | coffee 커피 |
sweater 스웨터 | house 집

① 줘 / 나에게 / 책을.

Give me a book.

줘 / 나에게 / 조금의 주스를.

Give me some ___juice___.

② 줘 / 나에게 / 조금의 물을.

Give me some water.

줘 / 나에게 / 조금의 빵을.

Give me some _____.

③ 줘 / 나에게 / 조금의 꽃을.

Give me some flowers.

줘 / 나에게 / 조금의 치즈를.

Give me _____ cheese.

④ 줘 / 나에게 / 조금의 공책들을.

Give me some notebooks.

줘 / 나에게 / 조금의 우유를.

Give me some _____.

⑤ 줘 / 나에게 / 두 개의 펜을.

Give me two pens.

줘 / 나에게 / 조금의 소금을.

Give me _____ _____.

⑥ 줘 / 나에게 / 조금의 차를.

Give me some tea.

줘 / 나에게 / 조금의 설탕을.

Give me _____ _____.

Words juice 주스 | bread 빵 | cheese 치즈 | notebook 공책 | milk 우유 | salt 소금 |
tea (마시는) 차, 티 | sugar 설탕

① I have **some** money. 나는 돈을 조금 가지고 있다.

② Give me _____ juice. 나에게 주스를 조금 줘.

③ Give me some _____. 나에게 커피를 조금 줘.

④ There is _____ salt. 소금이 조금 있다.

⑤ Give me some _____. 나에게 우유를 조금 줘.

⑥ There is _____ sugar. 설탕이 조금 있다.

⑦ Give me _____ butter. 나에게 버터를 조금 줘.

⑧ Give me _____ _____. 나에게 치즈를 조금 줘.

Words money 돈 | coffee 커피 | salt 소금 | milk 우유 | sugar 설탕 | butter 버터 | cheese 치즈

① Give me <u>a cheese</u>. 나에게 치즈를 조금 줘.

➡ **Give me some cheese.**

② He is <u>an Andy</u>. 그는 Andy다.

➡ _____

③ Give me some <u>toy</u>. 나에게 장난감을 조금 줘.

➡ _____

④ There is <u>a tea</u>. 차가 조금 있다.

➡ _____

⑤ I live in <u>a Korea</u>. 나는 한국에 산다.

➡ _____

⑥ I have some <u>salts</u>. 나는 소금이 조금 있다.

➡ _____

⑦ Give me <u>a bread</u>. 나에게 빵을 조금 줘.

➡ _____

⑧ There is some <u>sugars</u>. 설탕이 조금 있다.

➡ _____

Words   give 주다 | cheese 치즈 | toy 장난감 | tea (마시는) 차, 티 | salt 소금 | bread 빵 | sugar 설탕

명사

▶ **셀 수 있는 명사**

● 하나일 때

a banana

an umbrella

● 하나보다 많을 때

apples

boxes

▶ **셀 수 없는 명사**

모양이 일정하지 않으면 셀 수 없고, 앞에 some을 써서 사용해요.

a̶ water

waters̶

a̶ bread

breads̶

some cheese

some juice

정관사 the

▶ **정해진 것**

a man

the man

▶ **세상에 단 하나밖에 없는 것**

the sun

the earth

1 다음 중 관사 a가 올바르지 <u>않은</u> 것을 고르세요.

❶ a man   ❷ a teacher   ❸ a cap

❹ a pilot   ❺ a elephant

2 다음 중 관사 an이 올바르지 <u>않은</u> 것을 고르세요.

❶ an actor   ❷ an owl   ❸ an engineer

❹ an driver   ❺ an actress

3 다음 중 <u>잘못된</u> 문장을 고르세요.

❶ It is a hat.   ❷ It is a garden.   ❸ I am a lawyer.

❹ It is an umbrella.   ❺ I am a school.

4 다음 보기를 이용하여 빈칸에 알맞은 관사를 쓰세요.

> **a   an   the**

❶ _____ banana 바나나 한 개   ❷ _____ actor 배우 한 명

❸ _____ sun 해   ❹ _____ man 남자 한 명

5 다음 중 명사의 복수형이 올바르지 <u>않은</u> 것을 고르세요.

❶ banana – bananas ❷ apple – apples ❸ leaf – leafes

❹ trunk – trunks ❺ branch – branches

6 다음 우리말 뜻을 보고 보기를 이용하여 알맞은 복수형을 쓰세요.

dog	baby	watch

❶ I have two _____. 나는 시계 두 개가 있다.

❷ I have twelve _____. 나는 개 열두 마리가 있다.

❸ There are three _____. 아기 세 명이 있다.

7 다음 밑줄 친 부분을 바르게 고쳐 쓰세요.

❶ Watch out for <u>a snake</u>! → _____

❷ <u>A sun</u> is high. → _____

❸ I have six <u>boxs</u>. → _____

❹ I have seven <u>sandwichs</u>. → _____

❺ Give me <u>a water</u>. → _____

❻ There is <u>a sugar</u>. → _____

8 다음 중 밑줄 친 부분이 잘못된 것을 고르세요.

❶ There is <u>a bus</u>.

❷ Give me <u>a juice</u>.

❸ There are <u>three babies</u>.

❹ Watch out for <u>the snake</u>!

❺ I have <u>some milk</u>.

9 다음 단어의 복수형을 쓰세요.

❶

elephant ➜ _____

❷

butterfly ➜ _____

❸

box ➜ _____

❹

watch ➜ _____

10 다음 우리말 뜻을 보고 빈칸에 알맞은 말을 쓰세요.

❶ I have some _____. 나는 우유를 조금 가지고 있다.

❷ Give me some _____. 나에게 설탕을 좀 줘.

❸ There are some _____. 장난감이 조금 있다.

❹ I have some _____. 나는 치즈를 조금 가지고 있다.

Chapter 2

대명사

대명사 – 사람이나 사물을 대신 부르는 말

I 나는

You 너는

She 그녀는

We 우리는   **You** 너희들은

They 그들은

가까이 있는 것과 멀리 있는 것

This is a lotion.
이것은 로션이다.

These are kangaroos.
이것들은 캥거루들이다.

That is a bird.
저것은 새다.

Those are tomatoes.
저것들은 토마토들이다.

Quiz 위 그림을 보고 사람을 가리킬 때 쓰는 말에 동그라미 하세요.

• I (   )　　　• You (   )　　　• She (   )　　　• It (   )

해석　나는 과학자예요. 그녀는 마법사입니다. / 당신은 거인이군요. / 그것은 뭔가요? / 말이에요.

1 사람이나 사물 대신 인칭대명사를 사용해요.

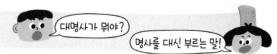

Tom	Sally	Mark	Jenny	horse	watch
대신	대신	대신	대신	대신	
I	**You**	**He**	**She**	**It**	

2 인칭대명사 단수 주어는 다섯 가지가 있어요.

I	**You**	**He**	**She**	**It**
나는	너는	그는	그녀는	그것은

3 주어는 문장 맨 처음에 나오는 주인공이에요.

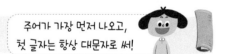

주어가 가장 먼저 나오고,
첫 글자는 항상 대문자로 써!

i am a scientist. (✕)   I am a scientist. (○)

she is a magician. (✕)   She is a magician. (○)

🅘 Grammar Tips

주어 다음에 나오는 be동사는 '(무엇)이다' 또는 '(어떠)하다'라는 뜻으로, 주어에 따라 모양이 바뀌어요.
자세한 내용은 **Chapter 3**에서 배우도록 해요.

주어	I	You	He	She	It
be동사	am	are	is	is	is

골라 쓰기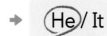

다음 밑줄 친 부분을 대신할 수 있는 대명사를 고르세요.

① <u>Peter</u> is a firefighter. ➡ (He)/ It
Peter는 소방관이다.

② <u>Jenny</u> is a singer. ➡ She / I
Jenny는 가수다.

③ <u>The man</u> is a king. ➡ She / He
그 남자는 왕이다.

④ <u>The dog</u> is smart. ➡ You / It
그 개는 똑똑하다.

⑤ <u>Sam</u> is an artist. ➡ He / You
Sam은 예술가다.

⑥ <u>Jessica</u> is a queen. ➡ He / She
Jessica는 여왕이다.

⑦ <u>Tom</u> is cute. ➡ I / He
Tom은 귀엽다.

⑧ <u>The horse</u> is fat. ➡ It / I
그 말은 뚱뚱하다.

잠깐만요!

▶ Jenny나 Tom 같은 이름뿐만 아니라 man이나 student 같은 표현도 대명사로 쓸 수 있어요.

Words firefighter 소방관 | singer 가수 | man (성인) 남자 | smart 똑똑한 | artist 예술가 |
cute 귀여운 | horse 말 | fat 뚱뚱한

① Tom은 / 이다 / 의사.

Tom is a doctor.

그는 / 이다 / 잘생긴.

___He___ is handsome.

④ 그는 / 이다 / 조종사.

_____ is a pilot.

그녀는 / 이다 / 간호사.

_____ is a nurse.

② 그 선생님은 / 이다 / 키가 작은.

The teacher is short.

그녀는 / 이다 / 친절한.

_____ is kind.

⑤ 나는 / 이다 / 변호사.

_____ am a lawyer.

너는 / 이다 / 배우.

_____ are an actor.

③ 나는 / 가지고 있다 / 시계를.

I have a watch.

그것은 / 이다 / 새로운.

_____ is new.

⑥ 그 토끼는 / 이다 / 작은.

The rabbit is small.

그것은 / 이다 / 귀여운.

_____ is cute.

Words **doctor** 의사 | **handsome** 잘생긴 | **short** 키가 작은 | **kind** 친절한 | **pilot** 조종사 |
nurse 간호사 | **lawyer** 변호사

① **I** am a queen. 나는 여왕이다.

② _____ is a knight. 그는 기사다.

③ _____ is Mary. 그녀는 Mary다.

④ _____ is a caterpillar. 그것은 애벌레다.

⑤ Tom is tall. _____ is also smart. Tom은 키가 크다. 그는 또한 똑똑하다.

⑥ _____ are beautiful. 너는 아름답다.

⑦ Jenny is bright. _____ is also pretty. Jenny는 머리가 좋다. 그녀는 또한 예쁘다.

⑧ There is an apple. _____ is yummy. 사과가 있다. 그것은 맛있다.

Words   **knight** 기사 | **caterpillar** 애벌레 | **tall** 키가 큰 | **also** 또한, 게다가 | **smart** 똑똑한 |
beautiful 아름다운 | **bright** 머리가 좋은, 똑똑한 | **pretty** 예쁜 | **yummy** 맛있는

46

① i am a scientist. 나는 과학자다.

➡ **I am a scientist.**

② <u>He</u> are beautiful. 너는 아름답다.

➡

③ <u>she</u> is a magician. 그녀는 마법사다.

➡

④ There is a man. <u>She</u> is tall. 남자가 있다. 그는 키가 크다.

➡

⑤ <u>She</u> is a library. 그것은 도서관이다.

➡

⑥ <u>I</u> is a park. 그것은 공원이다.

➡

⑦ <u>he</u> is happy. 그는 행복하다.

➡

⑧ <u>He</u> is a queen. 그녀는 여왕이다.

➡

Words scientist 과학자 | magician 마법사 | library 도서관 | park 공원 | happy 행복한 | queen 여왕

? **Quiz** 위 그림을 보고 사람을 여러 명 가리킬 때 쓰는 인칭대명사를 써 보세요.

• (   ) **are**   • (   ) **are**   • (   ) **are**

해석 | 그들은 도둑이야. / 열려라 참깨! (보물이 숨겨져 있는 동굴을 여는 주문) / 너희들 늦었어! / (우리가) 미안해.

1 사람이나 사물 대신 인칭대명사를 사용해요.

2 인칭대명사 복수 주어는 세 가지가 있어요.

We
우리는

You
너희들은

They
그들은, 그것들은

3 You에는 두 가지 뜻이 있어요.

단수이든 복수이든 항상 You를 사용해.

You are late. 너는 늦었다.　　　**You are late.** 너희들은 늦었다.

🄸 Grammar Tips

주어가 복수일 때 be동사는 are 하나뿐이에요. 그래서 We are, You are, They are가 되지요.
They는 '그들은'이란 뜻도 있지만, 사물이나 동물을 가리켜 '그것들은'이라는 뜻도 있어요.

주어	We	You	They
be동사	are	are	are

다음 밑줄 친 부분을 대신할 수 있는 대명사를 고르세요.

① <u>He and I</u> are students. ➡ You / (We)
그와 나는 학생들이다.

② <u>You and Tom</u> are engineers. ➡ You / They
너와 Tom은 기술자들이다.

③ <u>Jack and I</u> are smart. ➡ We / They
Jack과 나는 똑똑하다.

④ <u>Sam and Pam</u> are friends. ➡ You / They
Sam과 Pam은 친구들이다.

⑤ <u>You and Jenny</u> are kind. ➡ You / We
너와 Jenny는 친절하다.

⑥ <u>The students</u> are tall. ➡ They / You
그 학생들은 키가 크다.

⑦ <u>She and I</u> are singers. ➡ They / We
그녀와 나는 가수다.

⑧ <u>Two pens</u> are nice. ➡ You / They
두 개의 펜들은 멋지다.

잠깐만요!

▶ I(나)가 들어가고 여러 명이 되면 We(우리)가 돼요. You(너)가 들어가고 여러 명이 되면 You(너희들)가 돼요.
I(나)와 You(너)가 안 들어가고 여러 명이 되면 They(그들)가 됩니다.

Words student 학생 | engineer 기술자, 수리공 | smart 똑똑한 | kind 친절한 | tall 키가 큰 |
nice 좋은, 멋진

① 나는 / 이다 / 무용수.

I am a dancer.

우리는 / 이다 / 무용수들.

____We____ are dancers.

④ 그는 / 이다 / 도둑.

He is a thief.

그들은 / 이다 / 도둑들.

_____ are thieves.

② 그녀는 / 이다 / 소방관.

She is a firefighter.

그녀는 / 이다 / 용감한.

_____ is brave.

⑤ 그 벌레는 / 이다 / 작은.

The bug is small.

그들은 / 이다 / 똑똑한.

_____ are smart.

③ 너는 / 이다 / 친절한.

_____ are kind.

너희들은 / 이다 / 다정한.

_____ are friendly.

⑥ 그와 나는 / 이다 / 배우들.

He and I are actors.

우리는 / 이다 / 좋은 배우들.

_____ are good actors.

Words dancer 무용수 | firefighter 소방관 | brave 용감한 | friendly 다정한 | thief 도둑 | bug 벌레 | actor (남자)배우 | good 좋은

빈칸에 알맞은 대명사를 쓰세요.

① **We** are friends. 우리는 친구들이다.

② Sam and I are students. _____ are smart.

Sam과 나는 학생들이다. 우리는 똑똑하다.

③ _____ are twins. 그들은 쌍둥이다.

④ Sally and Mary are pretty. _____ are sisters.

Sally와 Mary는 예쁘다. 그들은 자매다.

⑤ _____ are brothers. 우리는 형제다.

⑥ You and Judy are rich. _____ have an expensive house.

너와 Judy는 부유하다. 너희들은 비싼 집을 가지고 있다.

⑦ The rabbits are fast. _____ are cute.

그 토끼들은 빠르다. 그것들은 귀엽다.

⑧ Julia and I are actresses. _____ are a good team.

Julia와 나는 여배우들이다. 우리는 좋은 팀이다.

 smart 똑똑한 | **twin** 쌍둥이 중의 한 명(두 명을 말할 때는 twins) | **sister** 자매 | **brother** 형제 |
rich 부유한 | **expensive** 비싼 | **fast** 빠른 | **team** 팀

① <u>She</u> are teachers. 우리는 선생님들이다.

→ We are teachers.

② <u>I</u> are dancers. 너희들은 무용수들이다.

→

③ <u>He</u> are twins. 그들은 쌍둥이다.

→

④ <u>You</u> are at the library. 우리는 도서관에 있다.

→

⑤ <u>We</u> are students. 그들은 학생들이다.

→

⑥ <u>You</u> are friends. 우리는 친구들이다.

→

⑦ <u>He</u> are scientists. 너희들은 과학자들이다.

→

⑧ <u>They</u> are writers. 우리는 작가들이다.

→

Words **teacher** 선생님 | **dancer** 무용수 | **at the library** 도서관에 | **student** 학생 |
scientist 과학자 | **writer** 작가

Quiz 위 그림에서 투명 인간의 보이지 않는 부분을 모두 찾아 동그라미 하세요.

해석 당신의 머리는 어디에 있나요? / 내 머리는 여기 있어요. / 그 남자의 발은 어디에 있어? / 모르겠어.

54

1 어떤 것이 누구의 것인지를 나타낼 때 '~의'를 뜻하는 소유격을 사용해요.

| my cap 나의 모자 | = | 내가 소유하고 있는 모자 |

| Tom's bag Tom의 가방 | = | Tom이 소유하고 있는 가방 |

단수	소유격 (~의)	복수	소유격 (~의)
I 나는	my 나의	we 우리는	our _____
you 너는	your 너의	you 너희들은	your 너희들의
he 그는	his _____	they 그들은, 그것들은	their 그들의, 그것들의
she 그녀는	her 그녀의		
it 그것은	its 그것의		

? Quiz 위의 빈칸을 채워 보세요.

2 명사 뒤에 '(아포스트로피)와 s를 붙여 소유격을 만들어요.

Mark's cup Mark의 컵   the man's phone 그 남자의 휴대폰

Peter's pen Peter의 펜   the doctor's car 그 의사의 차

Judy___ glasses Judy의 안경   the boy's watch 그 소년의 시계

? Quiz 위의 빈칸을 채워 보세요.

❗ Grammar Tips

명사 앞에 소유격이 들어가면 관사 a나 an은 쓰지 않아요.

• **a my pen** (✕)   • **my a pen** (✕)   • **my pen** (○)

헷갈리지 않게 잘 기억해야지!

① It is I /(my) computer. 그것은 내 컴퓨터다.

② It is Peter / Peter's book. 그것은 Peter의 책이다.

③ It is Judy's / Judy desk. 그것은 Judy의 책상이다.

④ It is your / you pencil. 그것은 너의 연필이다.

⑤ It is the woman / woman's mirror. 그것은 그 여자의 거울이다.

⑥ It is her / she bicycle. 그것은 그녀의 자전거다.

⑦ It is we / our house. 그것은 우리의 집이다.

⑧ This is their / they soccer ball. 이것은 그들의 축구공이다.

 잠깐만요!

▶ -s로 끝나는 단어 뒤에는 '(아포스트로피)만 붙여도 '~의'라는 의미를 만들 수 있어요.
James's (✕) James' (○) James의

 Words computer 컴퓨터 | book 책 | desk 책상 | woman 여자 | mirror 거울 |
bicycle 자전거(간단히 bike) | house 집 | soccer ball 축구공

① 나는 / 이다 / 예쁜.

I am pretty.

나의 시계는 / 이다 / 예쁜.

___My___ watch is pretty.

④ 너는 / 이다 / 친절한.

You are kind.

너의 삼촌은 / 이다 / 친절한.

_____ uncle is kind.

② 그녀는 / 이다 / 조종사.

She is a pilot.

그녀의 이모는 / 이다 / 조종사.

_____ aunt is a pilot.

⑤ 우리는 / 이다 / 여배우들.

_____ are actresses.

우리의 엄마는 / 이다 / 여배우.

_____ mom is an actress.

③ 그는 / 이다 / 다정한.

He is friendly.

그의 아빠는 / 이다 / 다정한.

_____ dad is friendly.

⑥ 그들은 / 이다 / 키가 큰.

_____ are tall.

그들의 아들은 / 이다 / 키가 큰.

_____ son is tall.

Words watch (손목)시계 | aunt 이모, 고모 | friendly 다정한 | kind 친절한 | uncle 삼촌 |
actress 여배우 | son 아들

① **My** dad is tall. 나의 아빠는 키가 크시다.

② _____ hair is short. 그녀의 머리는 짧다.

③ This is Sally _____ house. 이것은 Sally의 집이다.

④ This is _____ hat. 이것은 그의 모자다.

⑤ Where is Jenny _____ storybook? Jenny의 이야기책은 어디에 있니?

⑥ Betty is _____ friend. Betty는 우리들의 친구다.

⑦ It is _____ book. 그것은 너의 책이다.

⑧ A: Where is _____ bike? 나의 자전거는 어디에 있니?

B: I don't know. 모르겠어.

 hair 머리카락 | house 집 | hat 모자 | storybook 이야기책 | friend 친구 | bike 자전거

58

고쳐 쓰기

밑줄 친 부분을 바르게 고쳐 문장을 써 보세요.

① <u>Sarah</u> father is a cook. Sarah의 아버지는 요리사이시다.

→ **Sarah's father is a cook.**

② This is <u>Jenny</u> painting. 이것은 Jenny의 그림이다.

→

③ <u>I</u> gloves are new. 나의 장갑은 새것이다.

→

④ This is <u>he</u> pencil case. 이것은 그의 필통이다.

→

⑤ <u>They</u> feet are small. 그들의 발은 작다.

→

⑥ <u>It</u> head is big. 그것의 머리는 크다.

→

⑦ Where is <u>she</u> mother? 그녀의 어머니는 어디에 계시니?

→

⑧ Where is <u>Marys</u> bag? Mary의 가방은 어디에 있니?

→

Words painting 그림 | gloves 장갑 | pencil case 필통 | feet 발(foot의 복수형, 사람의 팔과 발은 두 개니까 보통 복수 형태로 써요.) | small 작은 | head 머리 | mother 어머니

지시대명사 this, that

From 'The Wizard of Oz' (오즈의 마법사)

해석 얘는 허수아비야. / 이것들은 마녀의 신발이잖아! / 아니! 이것들은 이제 내 신발이야.

1 가까이 있는 것을 가리킬 때 this, 멀리 있는 것을 가리킬 때 that을 써요.

This is a shirt.
이것은 셔츠다.

That is a dress.
저것은 드레스다.

2 가까이 있는 여러 개는 these, 멀리 있는 여러 개는 those를 써요.

These are apples.
이것들은 사과들이다.

Those are tomatoes.
저것들은 토마토들이다.

_____ are my shoes.
이것들은 나의 신발이다.

_____ are your shoes.
저것들은 너의 신발이다.

? Quiz 위의 빈칸을 채워 보세요. these와 those는 여러 개를 가리키니까 꼭 복수 명사와 함께 써야 해!

3 사람을 가리킬 때도 this와 that을 써요.

This is Peter.
이 사람은 Peter다.

That is my mom.
저 사람은 내 엄마다.

? Quiz 다음 중 밑줄 친 부분이 다르게 해석되는 것을 고르세요.

① **This** is a watch.　　② **This** is a cap.　　③ **This** is my sister.

① Grammar Tips

무엇이 가까이 있고, 무엇이 멀리 있는지 헷갈린다고요? 딱 정해져 있지는 않아요.

내가 보기에 가까이 있다고 생각하면 this/these를 쓰고, 멀리 있다고 생각하면 that/those를 쓰면 된답니다.

골라 쓰기

다음 중 알맞은 지시대명사를 고르세요.

① ~~This~~/ These is my cousin. 이 사람은 내 사촌이다.

② This / That is a zebra. 저것은 얼룩말이다.

③ That / Those are your gloves. 저것들은 너의 장갑이다.

④ These / Those are his socks. 이것들은 그의 양말이다.

⑤ This / These are their brothers. 이 사람들은 그들의 형제들이다.

⑥ This / That is my lotion. 이것은 내 로션이다.

⑦ This / Those are shoes. 저것들은 신발이다.

⑧ These / Those are Peter's pants. 저것들은 Peter의 바지다.

잠깐만요!

▶ pants는 원래 다리 하나씩 되어 있던 옷을 합친 거라서 항상 복수로 사용해요. 비슷한 단어로 glasses(안경), scissors(가위), shoes(신발), gloves(장갑), socks(양말)가 있어요.

Words   **cousin** 사촌 | **zebra** 얼룩말 | **gloves** 장갑 | **brother** 형제 | **lotion** 로션 | **shoes** 신발

비교 쓰기 두 문장을 서로 비교해 보고 빈칸에 알맞은 말을 써 보세요.

① 이것은 / 이다 / 나의 휴대폰.

This is my phone.

이 사람은 / 이다 / 나의 할머니.

__This__ is my grandma.

② 이것은 / 이다 / 그의 차.

This is his car.

저것은 / 이다 / 그녀의 자전거.

_____ is her bike.

③ 이것은 / 이다 / 지우개.

This is an eraser.

저것들은 / 이다 / 연필들.

_____ are pencils.

④ 저 사람들은 / 이다 / 선생님들.

_____ are teachers.

이 사람들은 / 이다 / 나의 삼촌들.

_____ are my uncles.

⑤ 이것들은 / 이다 / 재킷들.

_____ are jackets.

저것들은 / 이다 / 스웨터들.

_____ are sweaters.

⑥ 이 사람은 / 이다 / 나의 친구.

_____ is my friend.

저 사람들은 / 이다 / 배우들.

_____ are actors.

Words phone 휴대폰 | grandma 할머니 | eraser 지우개 | jacket 재킷 | sweater 스웨터 |
actor (남자)배우

① Th **is** is a pencil case. 이것은 필통이다.

② Th [____] are my new friends. 이 사람들은 나의 새로운 친구들이다.

③ [____] is Sally's house. 이것은 Sally의 집이다.

④ [____] are my parents. 이 사람들은 내 부모님이시다.

⑤ [____] is a bluebird. 저것은 파랑새다.

⑥ [____] are Witch's shoes. 이것들은 마녀의 신발이다.

⑦ [____] are kangaroos. 이것들은 캥거루들이다.

⑧ [____] are giraffes. 저것들은 기린들이다.

Words pencil case 필통 | house 집 | parents 부모 | bluebird 파랑새 | shoes 신발 | kangaroo 캥거루 | giraffe 기린

① <u>These</u> is my teacher. 저 사람은 내 선생님이시다.

➡ **That is my teacher.**

② <u>That</u> are their gloves. 저것들은 그들의 장갑들이다.

➡

③ <u>These</u> is a nice drum. 이것은 좋은 북이다.

➡

④ <u>This</u> are shoes. 이것들은 신발이다.

➡

⑤ <u>Those</u> are wonderful dresses. 이것들은 멋진 드레스들이다.

➡

⑥ <u>This</u> is a book. 저것은 책이다.

➡

⑦ <u>That</u> is her grandpa. 이 사람은 그녀의 할아버지시다.

➡

⑧ <u>Those</u> are Mary's bags. 이것들은 Mary의 가방들이다.

➡

 Words teacher 선생님 | gloves 장갑 | drum 북 | wonderful 아주 멋진, 훌륭한 |
dress 드레스, 원피스 | grandpa 할아버지 | bag 가방

인칭대명사와 소유격

대명사	I 나는	you 너는	he 그는	she 그녀는	it 그것은
소유격	my 나의	your 너의	his 그의	her 그녀의	its 그것의

대명사	we 우리는	you 너희들은	they 그들은, 그것들은
소유격	our 우리의	your 너희들의	their 그들의, 그것들의

지시대명사

▶ **this / that + 단수 명사**

 가까이 있는 것 **this**

 멀리 있는 것 **that**

▶ **these / those + 복수 명사**

 가까이 있는 여러 개 **these**

 멀리 있는 여러 개 **those**

Chapter 2 **Test**

1 다음 중 밑줄 친 부분이 잘못된 것을 고르세요.

❶ <u>She</u> is a queen.　　　❷ <u>She</u> is a magician.

❸ <u>You</u> are very nice.　　❹ <u>You</u> is a library.

❺ <u>I</u> am a scientist.

2 다음 그림을 보고 빈칸에 들어갈 알맞은 말을 고르세요.

 _____ are brothers.

❶ It　　　　　　❷ They　　　　　❸ He

❹ She　　　　　❺ I

3 다음 괄호 안에서 알맞은 대명사를 고르세요.

❶ The watch is new.　➡ (He / It) is new.

❷ Tom is very tall.　➡ (He / You) is very tall.

❸ Jenny is a queen.　➡ (He / She) is a queen.

❹ The man is a king.　➡ (He / It) is a king.

4 다음 중 주어를 대신할 수 있는 대명사가 올바르지 <u>않은</u> 것을 고르세요.

❶ He and I ➡ We   ❷ You and Tom ➡ You

❸ Sam and Pam ➡ You   ❹ Jack and I ➡ We

❺ You and Jack ➡ You

5 다음 중 밑줄 친 부분이 <u>잘못된</u> 것을 고르세요.

❶ <u>This is</u> a pencil case.   ❷ <u>That are</u> her bag.

❸ <u>These are</u> my teachers.   ❹ <u>Those are</u> books.

❺ <u>This is</u> a computer.

6 다음 단어의 소유격을 쓰세요.

❶ I   ➡ _____   ❷ He   ➡ _____

❸ They   ➡ _____   ❹ We   ➡ _____

[7-8] 다음 우리말 뜻을 보고 보기를 이용하여 알맞은 소유격을 쓰세요.

7

| Jenny's | your | her | our |

❶ _____ house 너의 집

❷ _____ pencil 그녀의 연필

❸ _____ books 우리의 책들

❹ _____ bicycle Jenny의 자전거

8

> Our   Your   His

❶ _____ dad is a firefighter.   그의 아빠는 소방관이다.

❷ _____ mom is an actress.   우리의 엄마는 여배우다.

❸ _____ uncle is kind.   너의 삼촌은 친절하시다.

9 다음 우리말에 맞게 빈칸에 알맞은 말을 쓰세요.

❶ _____ bag is new.   그녀의 가방은 새것이다.

❷ Jake is _____ cousin.   Jake는 그의 사촌이다.

❸ They are not _____ friends.   그들은 우리의 친구들이 아니다.

❹ Where are _____ chairs?   그들의 의자들은 어디에 있니?

10 다음 우리말 뜻을 보고 밑줄 친 부분을 바르게 고쳐 쓰세요.

❶ <u>This</u> are towels.   이것들은 수건들이다.   ➜ _____

❷ <u>Those</u> is my book.   저것은 나의 책이다.   ➜ _____

❸ <u>These</u> is an apple.   이것은 사과다.   ➜ _____

❹ <u>That</u> are shoes.   저것들은 신발이다.   ➜ _____

Chapter 3

be동사

be동사 - (무엇)이다, (어떠)하다

I am Sally.
나는 Sally야.

He is tired.
그는 피곤해.

부정문 - 아니라고 하는 문장

He is not a nurse.
그는 간호사가 아니다.

They are not humans.
그들은 사람이 아니다.

의문문 - 질문하는 문장

Is he a pianist?
그는 피아니스트니?

Are they rabbits?
그것들은 토끼들이니?

인칭대명사와 be동사

From 'Animal Farm' (동물 농장)

Quiz 위 그림을 보고 각 동물의 소리를 써 보세요.

- **pig**(돼지) ( ) • **goat**(염소) ( )

해석 Jones 씨는 나빠. 그는 형편없어. / 내가 이제 너희 지도자다. 너희들은 평등하다. / 우리는 평등하다!
oink oink (돼지 울음 소리)꿀꿀 / moo (소 울음 소리)음매 / baa (염소 울음 소리)매애

1 주어가 단수일 때 be동사는 am, are, is로 바뀌어요.

주어	+	be동사
I		am
You		are
He / She / It		is

be동사는 주어에 따라 모양이 바뀌는구나.

? Quiz Mr. Jones처럼 사람이 주어일 때 be동사는 어떻게 바뀔까요?

Mr. Jones _____ bad.

2 주어가 복수일 때 be동사는 are로 바뀌어요.

주어	+	be동사
We		are
You		are
They		_____

? Quiz 위의 빈칸을 채워 보세요.

3 주어와 함께 쓸 때 be동사는 줄일 수 있어요.

I am = I'm	**We are = We're**
You are = You're	**You are = You're**
He is / She is / It is = He's / She's / It's	**They are = They're**

⚠ Grammar Tips

be동사 다음에 오는 말에 따라 다르게 해석해!

- be동사 뒤에 명사가 오면 '(무엇)이다'라고 해석해요.
  I am a student. 나는 학생이다.

- be동사 다음에 명사가 아닌 다른 것이 오면 '(어떠)하다'라고 해석해요.
  She is kind. 그녀는 친절하다.　　**I am hungry.** 나는 배고프다.

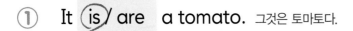

① It (is)/ are a tomato. 그것은 토마토다.

② She is / are happy. 그녀는 행복하다.

③ We are / is a family. 우리는 가족이다.

④ They are / is dancers. 그들은 무용수들이다.

⑤ He is / am a soccer player. 그는 축구 선수이다.

⑥ You am / are doctors. 너희들은 의사들이다.

⑦ I is / am tired. 나는 피곤하다.

⑧ Tom am / is a student. Tom은 학생이다.

잠깐만요!

▶ You are는 뒤에 오는 명사가 단수인지 복수인지에 따라 그 의미가 달라진다는 것 알고 있죠?

단수: You are my friend. 너는 내 친구다.   복수: You are my friends. 너희들은 내 친구들이다.

Words   **tomato** 토마토 | **family** 가족 | **dancer** 무용수 | **soccer player** 축구 선수 |
tired 피곤한

74

① 나는 / 이다 / 피아니스트.

I am a pianist.

너는 / 이다 / 바이올리니스트.

You ___are___ a violinist.

④ 그것은 / 이다 / 사탕.

It _____ a candy.

그것은 / 이다 / 나의 고양이.

_____ _____ my cat.

② 우리는 / 이다 / 그의 사촌들.

We are his cousins.

우리는 / 이다 / 그녀의 반 친구들.

_____ _____ her classmates.

⑤ 그것들은 / 이다 / 그의 책들.

_____ are his books.

그들은 / 이다 / 나의 선생님들.

_____ _____ my teachers.

③ 그녀는 / 이다 / 예술가.

She is an artist.

그는 / 이다 / 화가.

_____ 's a painter.

⑥ 그는 / 이다 / Judy의 오빠.

_____ _____ Judy's brother.

그는 / 이다 / 소방관.

_____ _____ a firefighter.

Words pianist 피아니스트 | violinist 바이올리니스트 | classmate 반 친구 | artist 예술가 | painter 화가 | candy 사탕 | firefighter 소방관

① Jenny **is** my cousin. Jenny는 나의 사촌이다.

② Peter's brother _____ a basketball player. Peter의 형은 농구 선수이다.

③ It _____ my dog. 그것은 나의 개다.

④ They _____ good swimmers. 그들은 좋은 수영 선수들이다.

⑤ Mary _____ a nurse. Mary는 간호사다.

⑥ You and I _____ good friends. 너와 나는 좋은 친구들이다.

⑦ The koalas _____ lazy. They have big eyes.

그 코알라들은 게으르다. 그들은 눈이 크다.

⑧ My grandpa _____ old. He _____ a doctor.

나의 할아버지는 나이가 많으시다. 그는 의사다.

Words cousin 사촌 | basketball player 농구 선수 | swimmer 수영 선수 | koala 코알라 |
lazy 게으른 | old 늙은, 나이가 많은

① <u>They's</u> cars. 그것들은 자동차들이다.

→ **They're cars.**

② I <u>is</u> a math teacher. 나는 수학 선생님이다.

➡

③ My teachers <u>is</u> poets. 나의 선생님들은 시인들이다.

➡

④ It <u>are</u> an elephant. 그것은 코끼리다.

➡

⑤ They <u>is</u> bikes. 그것들은 자전거들이다.

➡

⑥ <u>He're</u> a great lawyer. 그는 훌륭한 변호사다.

➡

⑦ <u>We'are</u> classmates. 우리는 반 친구들이다.

➡

⑧ The books <u>is</u> old. 그 책들은 낡았다.

➡

 Words   **math teacher** 수학 선생님 | **poet** 시인 | **great** 훌륭한, 대단한 | **lawyer** 변호사 |
classmate 반 친구 | **old** 낡은, 오래된

From 'Greek Mythology Centaur' (그리스 신화 켄타우로스)

켄타우로스가 어떻게 생겼는지 고르세요.

• 상체 – (☐ horse / ☐ human)   • 하체 – (☐ horse / ☐ human)

해석 안 돼! 당신은 인간이 아니에요. / 당신 재미있게 생겼네요. 당신은 누구인가요? /
나는 인간이 아니에요. 나는 또한 말도 아니지요. 나는 나예요. / 그는 인간이 아니에요.

1 be동사 뒤에 not을 붙이면 '~이 아니다'라는 뜻의 부정문이 돼요.

| 주어 | be동사 | not |

I am a doctor.	➡	I am not a doctor. 나는 의사가 아니다.
He is happy.	➡	He is not happy. 그는 행복하지 않다.
We are singers.	➡	We are not singers. 우리는 가수들이 아니다.
You are students.	➡	You are _____ students. 너희들은 학생들이 아니다.
They are kind.	➡	They _____ _____ kind. 그들은 친절하지 않다.

? Quiz 위의 빈칸을 채워 보세요.

2 〈주어+be동사+not〉은 줄일 수 있어요.

I am not = I'm not	We are not = We aren't
You are not= You aren't	You are not = You _____
He / She / It is not = He / She / It isn't	They are not = They _____

? Quiz 위의 빈칸을 채워 보세요.

! Grammar Tips

원어민 중에는 am not, are not, is not을 줄여서 ain't라고 말하는 사람도 있어요.
그러나 이것은 올바르지 않으며 문법상 틀린 표현이에요!
그러니 문법적으로 올바른 I'm not, aren't, isn't를 사용해야겠지요?

am not은 줄일 수 없어!
대신 I와 am을 줄이지.

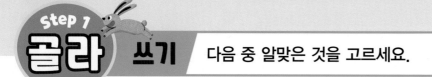

① Jenny (is not)/ are not my aunt. Jenny는 나의 이모가 아니다.

② She are not / is not a vet. 그녀는 수의사가 아니다.

③ It are not / is not an umbrella. 그것은 우산이 아니다.

④ We are not / am not violinists. 우리는 바이올리니스트들이 아니다.

⑤ They are not / am not their bikes. 그것들은 그들의 자전거들이 아니다.

⑥ Tom aren't / isn't a pilot. Tom은 조종사가 아니다.

⑦ I 'm not / isn't sad. 나는 슬프지 않다.

⑧ Mary aren't / isn't a liar. Mary는 거짓말쟁이가 아니다.

잠깐만요!

▶ am과 not은 다른 be동사와 not처럼 줄여서 한 몸이 될 수 없어요. 대신 I와 am을 줄여서 씁니다.
I amn't (✗) I'm not (○)

Words **aunt** 이모, 고모 | **vet** 수의사 | **violinist** 바이올리니스트 | **bike** 자전거 | **pilot** 조종사 |
sad 슬픈 | **liar** 거짓말쟁이

① 나는 / 이다 / 간호사.

I am a nurse.

나는 / 아니다 / 의사가.

I am ___not___ a doctor.

④ 그는 / 아니다 / 키가 작은.

_____ isn't short.

그는 / 이다 / 키가 큰.

_____ _____ tall.

② 우리는 / 이다 / 그의 친구들.

We are his friends.

우리는 / 아니다 / 그녀의 친구들이.

We are _____ her friends.

⑤ 그것들은 / 아니다 / 인간이.

They _____ _____ humans.

그것들은 / 아니다 / 말들이.

They _____ _____ horses.

③ 그녀는 / 이다 / 과학자.

She is a scientist.

그녀는 / 아니다 / 가수가.

She is _____ a singer.

⑥ Peter는 / 아니다 / 거짓말쟁이가.

Peter _____ a liar.

그는 / 이다 / 정직한.

_____ _____ honest.

Words nurse 간호사 | scientist 과학자 | singer 가수 | short 키가 작은 | tall 키가 큰 | human 인간, 사람 | honest 정직한

① Judy is **not** my sister. Judy는 나의 누나가 아니다.

② It is _____ my cat. 그것은 나의 고양이가 아니다.

③ They are _____ humans. 그들은 인간이 아니다.

④ It is _____ a chicken. It is a duck. 그것은 닭이 아니다. 그것은 오리다.

⑤ Sarah and I _____ _____ brothers. Sarah와 나는 형제가 아니다.

⑥ The man _____ _____ a singer. 그 남자는 가수가 아니다.

⑦ I _____ not sad. 나는 슬프지 않다.

⑧ It _____ _____ a dog. It _____ a bear.

그것은 개가 아니다. 그것은 곰이다.

Words | **sister** 자매 | **human** 인간, 사람 | **chicken** 닭 | **duck** 오리 | **sad** 슬픈 | **bear** 곰

Step 4 고쳐 쓰기 밑줄 친 부분을 바르게 고쳐 문장을 써 보세요.

① I <u>amn't</u> a police officer. 나는 경찰관이 아니다.

→ **I'm not a police officer.**

② He <u>are not</u> a bus driver. 그는 버스 운전사가 아니다.

→ _____

③ They <u>isn't</u> their watches. 그것들은 그들의 시계들이 아니다.

→ _____

④ They <u>is not</u> caterpillars. 그것들은 애벌레가 아니다.

→ _____

⑤ It <u>are not</u> a motorcycle. 그것은 오토바이가 아니다.

→ _____

⑥ He and I <u>am not</u> friends. 그와 나는 친구가 아니다.

→ _____

⑦ Jenny <u>are not</u> a singer. Jenny는 가수가 아니다.

→ _____

⑧ She <u>aren't</u> a scientist. 그녀는 과학자가 아니다.

→ _____

 Words police officer 경찰관 | driver 운전사 | watch (손목)시계 | caterpillar 애벌레 |
motorcycle 오토바이 | singer 가수 | scientist 과학자

be동사의 의문문

From 'Aladdin and the Magic Lamp' (알라딘과 요술 램프)

? Quiz 램프의 요정의 이름을 써 보세요.

해석 나는 부자야? / 응, 맞아. / 넌 마법사야? / 아니야. 난 램프의 요정 지니야.

1 주어와 be동사의 순서를 바꾸면 질문하는 문장인 의문문이 돼요.

주어 be동사

He **is** a pianist. 그는 피아니스트다.

Is **he** a pianist? 그는 피아니스트니?

be동사 주어

I am pretty.	➡	**Am I pretty?** 나는 예쁘니?
You are an actor.	➡	**Are you an actor?** 너는 배우니?
It is a shirt.	➡	**Is it a shirt?** 그것은 셔츠니?
We are students.	➡	**Are we students?** 우리는 학생들이니?
They are teachers.	➡	**_____ they teachers?** 그들은 선생님들이니?

? Quiz 위의 빈칸을 채워 보세요.

2 be동사의 의문문 대답은 Yes 또는 No로 해요. 보통 isn't나 aren't로 줄여서 대답해.

Is he a pianist? ➡ Yes, he is.
➡ No, he isn't.

Are they teachers? ➡ Yes, they are.
➡ No, they aren't.

! Grammar Tips

I(나)에 대해 물으면 you(너)로 대답하고, you(너, 너희들)에 대해 물으면 I(나), we(우리)로 대답해요.
그러니 대답할 때는 주어를 잘 확인해야 해요!

• **Am I pretty?** ⟨ Yes, you are.
No, you aren't.

• **Are you an actor?** ⟨ Yes, I am.
No, I'm not.

① (Are) / Is   you hungry? 너는 배고프니?

② Are / Is   she a doctor? 그녀는 의사니?

③ Are / Am   they students? 그들은 학생들이니?

④ Are / Is   it your cap? 그것은 너의 모자니?

⑤ Is / Are   he your cousin? 그는 너의 사촌이니?

⑥ Are / Is   they your parents? 그들은 너의 부모님이시니?

⑦ Is / Are   the gloves old? 그 장갑이 낡았니?

⑧ Is / Am   the shirt dirty? 그 셔츠는 더럽니?

 Words   hungry 배고픈 | cap (야구)모자 | cousin 사촌 | parents 부모 | gloves 장갑 |
old 낡은, 오래된 | shirt 셔츠 | dirty 더러운

① 이니 / 너는 / 여배우?

Are you an actress?

이니 / 너희들은 / 여배우들?

__Are__ __you__ actresses?

④ 이니 / 너는 / 배고픈?

_____ you hungry?

이니 / 너는 / 목마른?

_____ you thirsty?

② 이니 / 그것은 / 너의 가방?

Is it your bag?

이니 / 이것들은 / 너의 가방들?

_____ these your bags?

⑤ 이니 / 그것은 / 너의 모자?

_____ it your cap?

아니, / 그것은 / 아니다.

No, _____ _____.

③ 이니 / 그녀는 / 과학자?

_____ she a scientist?

이니 / 그는 / 너의 삼촌?

_____ _____ your uncle?

⑥ 이니 / 너는 / Jack의 남동생?

Are _____ Jack's brother?

응, / 나는 / 이다.

Yes, _____ _____.

Words actress 여배우 | scientist 과학자 | uncle 삼촌 | hungry 배고픈 | thirsty 목마른 | brother 형제

① **Is** she sick? 그녀는 아프니?

② _____ they rabbits? 그것들은 토끼들이니?

③ _____ the car new? 그 자동차는 새것이니?

④ _____ you thirsty? 너는 목마르니?

⑤ _____ _____ a doctor? 그녀는 의사니?

⑥ A: _____ the shirt old? 그 셔츠는 낡았니?

B: No, _____ _____. 아니, 그렇지 않아.

⑦ A: _____ they bears? 그것들은 곰들이니?

B: _____, _____ are. 응, 그래.

잠깐만요!
▶ the car(그 자동차)와 the shirt(그 셔츠)는 it(그것)으로 대답해야 해요.

Words sick 아픈 | rabbit 토끼 | thirsty 목마른 | shirt 셔츠 | old 낡은, 오래된 | bear 곰

88

① <u>Is</u> they tigers? 그것들은 호랑이들이니?

→ **Are they tigers?**

② <u>Are</u> he a police officer? 그는 경찰관이니?

➡

③ <u>Am</u> you happy? 너는 행복하니?

➡

④ <u>Are</u> he a teacher? 그는 선생님이니?

➡

⑤ <u>Is</u> they lazy? 그들은 게으르니?

➡

⑥ <u>Are</u> she a volleyball player? 그녀는 배구 선수이니?

➡

⑦ <u>Am</u> it your bag? 그것은 너의 가방이니?

➡

⑧ <u>Is</u> I tall? 나는 키가 크니?

➡

Words tiger 호랑이 | police officer 경찰관 | lazy 게으른 | volleyball player 배구 선수 | bag 가방 | tall 키가 큰

be동사의 의문사 의문문

From 'Robin Hood' (로빈 후드)

? Quiz 로빈 후드가 활을 쏘아 죽인 동물은 무엇인가요?

• ☐☐☐☐

해석 그게 뭐예요? / 사슴이에요. / 너는 누구냐? / 저는 로빈 후드입니다. / 저것들은 뭐지? / 저것들은 화살이야.

90

1 사물이나 동물에 대해 물어볼 때 what을 사용해요.

What · **be동사**

What is it? 그것은 무엇이니?

What is it? 그것은 무엇이니?

What are they? 그것들은 무엇이니?

_____ **are they?** 그것들은 무엇이니?

❓ Quiz 위의 빈칸을 채워 보세요.

2 사람에 대해 물어볼 때 who를 사용해요.

Who · **be동사**

Who is she? 그녀는 누구니?

Who are you? 너는 누구니?

_____ **are they?**

그들은 누구니?

❓ Quiz 위의 빈칸을 채워 보세요.

3 장소를 묻는 where, 시간을 묻는 when과 같은 의문사들도 있어요.

Where is he?
그는 어디에 있니?

When is your birthday?
너의 생일은 언제니?

❗ Grammar Tips

의문사는 who(누가), when(언제), where(어디서), what(무엇을), how(어떻게), why(왜) 등 구체적인 것을 물어볼 때 쓰는 말이에요. 질문할 때 의문사는 항상 문장 맨 앞에 나와요.

① What / (Who) is she? 그녀는 누구니?

② Who / When is your birthday? 너의 생일은 언제니?

③ Who / What is it? 그것은 무엇이니?

④ When / Who are you? 너는 누구니?

⑤ Where / Who are the books? 그 책들은 어디에 있니?

⑥ What / When are the animals? 그 동물들은 무엇이니?

⑦ When / Who are your classmates? 너의 반 친구들은 누구니?

⑧ What / When is your favorite song? 네가 가장 좋아하는 노래는 무엇이니?

Words birthday 생일 | book 책 | animal 동물 | classmate 반 친구 | favorite 매우 좋아하는 | song 노래

① 무엇 / 이니 / 그것은?

What is it?

누구 / 이니 / 그는?

____Who____ is he?

② 무엇 / 이니 / 저것은?

_____ is that?

누구 / 이니 / 너는?

_____ _____ you?

③ 누구 / 이니 / 그들은?

Who are they?

무엇 / 이니 / 이것들은?

_____ are _____?

④ 언제 / 이니 / 그들의 생일은?

When _____ their birthdays?

언제 / 이니 / 그녀의 생일은?

_____ _____ her birthday?

⑤ 어디에 / 있니 / 너의 가방은?

Where _____ your bag?

어디에 / 있니 / 너의 양말은?

_____ _____ your socks?

⑥ 누구 / 이니 / 그 여자는?

Who _____ the woman?

무엇 / 이니 / 이것은?

What _____ this?

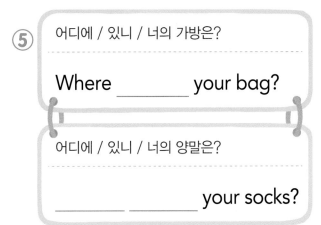

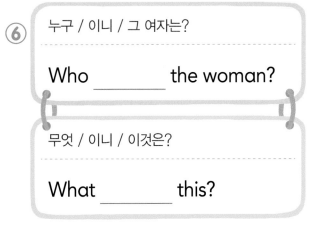

Words birthday 생일 | **bag** 가방 | **socks** 양말 | **woman** (성인) 여자

① **Who**   is the man? 그 남자는 누구니?

② _____ is it? 그것은 무엇이니?

③ _____ is your birthday? 너의 생일은 언제니?

④ _____ are those? 저것들은 무엇이니?

⑤ _____ are they? 그들은 어디에 있니?

⑥ _____ are the animals? 그 동물들은 무엇이니?

⑦ _____ are you?
당신은 누구인가요?

I am Robin Hood.
저는 로빈 후드입니다.

⑧ _____ are you?
너희들은 어디에 있니?

We are at the library.
우리는 도서관에 있어.

 Words   man (성인) 남자 | animal 동물 | birthday 생일 | at the library 도서관에

94

① Who <u>is</u> I? 나는 누구일까?

→ Who am I?

② <u>Who</u> is the color? 그 색깔은 무엇이니?

→

③ Where <u>are</u> she? 그녀는 어디에 있니?

→

④ What <u>is</u> they? 그것들은 무엇이니?

→

⑤ <u>Who</u> is your birthday? 너의 생일은 언제니?

→

⑥ <u>When</u> are you? 너는 어디에 있니?

→

⑦ <u>Who</u> is your name? 너의 이름은 무엇이니?

→

⑧ Where <u>is</u> your grandparents? 너의 조부모님은 어디에 계시니?

→

words color 색깔 | name 이름 | grandparents 조부모

be동사

▶ **be동사** 주어에 따라 모양이 변해요.

I am a doctor.
You are a doctor.
He is a doctor.

▶ **부정문** be동사 뒤에 not을 붙여요.

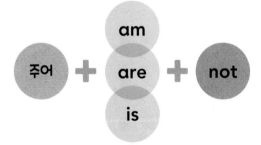

It is not a dog.

▶ **의문문** be동사가 주어 앞에 와요.

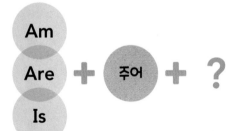

Is he a pianist?

의문사

▶ **의문사** 누가, 언제, 어디서, 무엇을 등 구체적인 것이 궁금할 때 물어봐요.

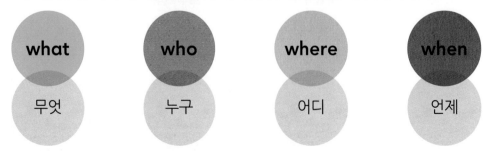

| what | who | where | when |
| 무엇 | 누구 | 어디 | 언제 |

1 다음 괄호 안에서 알맞은 말을 고르세요.

❶ I (am / is) your teacher.

❷ We (is / are) a family.

❸ The dancer (am / is) my sister.

2 다음 중 밑줄 친 부분이 <u>잘못된</u> 것을 고르세요.

❶ He <u>is</u> a singer.   ❷ They <u>are</u> new cars.

❸ Tom <u>am</u> very happy.   ❹ You <u>are</u> really kind.

❺ The dog <u>is</u> very big.

3 다음 그림을 보고 빈칸에 들어갈 알맞은 말을 고르세요.

She _____ a doctor.

❶ is   ❷ amn't   ❸ are not

❹ is not   ❺ am not

4 다음 중 <u>잘못된</u> 문장을 고르세요.

❶ It are not my pencil.   ❷ I am lazy.   ❸ She is a lawyer.

❹ You are short.   ❺ They aren't pianists.

5 다음 보기를 이용하여 빈칸에 알맞은 말을 쓰세요.

> **Is   Are   Am**

❶ _____ you hungry?

❷ _____ it your phone?

❸ _____ I young?

6 다음 그림을 보고 대화의 빈칸에 알맞은 말을 쓰세요.

❶

A: Is she a singer?

B: No, _____.

❷

A: Are they dancers?

B: Yes, _____.

❸

A: _____ the gloves old?

B: Yes, _____.

❹

A: _____ it your cap?

B: No, _____.

7 다음 밑줄 친 부분을 줄임말로 쓰세요.

❶ <u>She is</u> my teacher.   → _____

❷ They <u>are not</u> my cousins.   → _____

8 다음 중 대화의 빈칸에 들어갈 알맞은 말을 고르세요.

> A: _____ are they?
> B: They are kangaroos.

① When ② What ③ Is
④ Where ⑤ Am

9 다음 문장의 빈칸에 들어갈 알맞은 말을 쓰세요.

> It is _____ my dog. It is his dog.

➔ _____

10 다음 밑줄 친 부분을 바르게 고쳐 문장을 다시 쓰세요.

❶ <u>Where</u> is your birthday? 너의 생일은 언제니?

➔ _____

❷ <u>What</u> are you? 너는 누구니?

➔ _____

❸ <u>Who</u> are your shoes? 너의 신발들은 어디에 있니?

➔ _____

❹ <u>When</u> is her name? 그녀의 이름은 무엇이니?

➔ _____

Chapter 4

일반동사

run
달리다

study
공부하다

cry
울다

swim
수영하다

go
가다

I watch TV.
나는 TV를 본다.

He plays the piano.
그는 피아노를 친다.

부정문

I don't have the ball.
나는 그 공을 가지고 있지 않다.

He doesn't like ice cream.
그는 아이스크림을 좋아하지 않는다.

의문문

Do you have a pencil?
너는 연필을 가지고 있니?

Does he like dogs?
그는 개들을 좋아하니?

From 'Anne of Green Gables' (빨강 머리 앤)

Quiz 다음 중 be동사가 아닌 것을 모두 고르세요.

• like (   )   • love (   )   • read (   )   • is (   )

해석 나는 책이 좋아. / 맞아. 너는 이야기를 정말 좋아해. / 앤은 매일 책을 읽어. / 그녀는 책벌레(독서광)야.

1 일반동사는 움직임이나 감정 등을 나타내는 말이에요.

움직임을 나타내는 동사

watch 보다　　　　**cry** 울다

run 달리다　　　＿＿＿＿＿ 읽다

감정을 나타내는 동사

like 좋아하다　　　　＿＿＿＿＿ 사랑하다

hate 미워하다

❓ Quiz 위의 빈칸을 채워 보세요.

2 일반동사는 일상에서 매일 하는 동작을 나타낼 때가 많아요.

I swim every day.
나는 매일 수영한다.

We study English every afternoon.
우리는 매일 오후에 영어를 공부한다.

3 주어가 He, She, It일 때 동사의 형태가 바뀌어요.

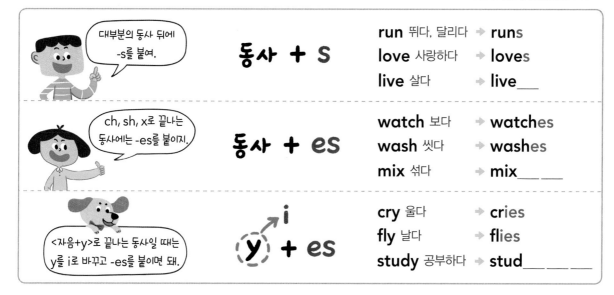

대부분의 동사 뒤에 -s를 붙여.

동사 + s

run 뛰다, 달리다 ➡ run**s**
love 사랑하다 ➡ love**s**
live 살다 ➡ live＿＿＿

ch, sh, x로 끝나는 동사에는 -es를 붙이지.

동사 + es

watch 보다 ➡ watch**es**
wash 씻다 ➡ wash**es**
mix 섞다 ➡ mix＿＿＿＿

<자음+y>로 끝나는 동사일 때는 y를 i로 바꾸고 -es를 붙이면 돼.

y ➡ i + es

cry 울다 ➡ cries
fly 날다 ➡ flies
study 공부하다 ➡ stud＿＿＿＿＿

❓ Quiz 위의 빈칸을 채워 보세요.

❗ Grammar Tips

주어가 I, You, We, They 일 때는 변하지 않아!

사람 이름인 John은 he로, the girl은 she로, 그리고 the bird는 it으로 대신 말할 수 있어요. 그래서 이런 주어들도 동사의 형태가 바뀌어요.

① John ⓝuns / run every day. John은 매일 달린다.

② We study / studies English. 우리는 영어를 공부한다.

③ I swim / swims every morning. 나는 매일 아침에 수영을 한다.

④ I watch / watches TV every day. 나는 매일 TV를 본다.

⑤ You loves / love stories. 너는 이야기를 정말 좋아한다.

⑥ Tom reads / read books. Tom은 책을 읽는다.

⑦ The bird fly / flies in the sky. 그 새는 하늘을 난다.

⑧ Sam plays / play soccer every day. Sam은 매일 축구를 한다.

Words **every day** 매일 | **swim** 수영하다 | **every morning** 매일 아침 | **love** 사랑하다, 정말 좋아하다 | **story** 이야기 | **read** 읽다 | **play** (게임, 놀이 등을) 하다, 놀다, 연주하다

① 나는 / 좋아한다 / 수학을.

I like math.

그는 / 좋아한다 / 영어를.

He __likes__ English.

② 우리는 / 공부한다 / 영어를.

We study English.

그녀는 / 공부한다 / 수학을.

She _____ math.

③ 그는 / 친다 / 테니스를.

He _____ tennis.

그들은 / 한다 / 축구를.

They _____ soccer.

④ 그는 / 가르친다 / 역사를.

He teaches history.

그들은 / 가르친다 / 역사를.

They _____ history.

⑤ 그 새는 / 난다 / 하늘을.

The bird flies in the sky.

그녀는 / 운다 / 매일 밤.

She _____ every night.

⑥ 우리는 / 씻는다 / 우리의 손을.

We _____ our hands.

그는 / 씻다 / 그의 손을.

He _____ his hands.

Words study 공부하다 | tennis 테니스 | teach 가르치다 | history 역사 | in the sky 하늘을 | every night 매일 밤 | wash 씻다 | hand 손

채워 쓰기 | 다음 주어진 동사를 알맞은 형태로 바꿔 쓰세요.

① love

He ___loves___ books.
그는 책을 정말 좋아한다.

② cry

The baby _____.
그 아기가 운다.

③ wake

She _____ up at 7 o'clock.
그녀는 일곱 시에 일어난다.

④ swim

He _____ every day.
그는 매일 수영한다.

⑤ read

Dad _____ the newspaper.
아빠는 신문을 읽으신다.

⑥ play

He _____ the piano every day.
그는 매일 피아노를 친다.

⑦ study

She _____ math.
그녀는 수학을 공부한다.

⑧ fly

The bird _____ in the sky.
그 새는 하늘을 난다.

Words book 책 | cry 울다 | wake (잠에서) 깨다, 일어나다 | 7 o'clock 7시 정시 | newspaper 신문 | play the piano 피아노를 치다 | math 수학

고쳐 쓰기

밑줄 친 부분을 바르게 고쳐 문장을 써 보세요.

① Jenny <u>like</u> books. Jenny는 책을 좋아한다.

→ Jenny likes books.

② He <u>watch</u> TV after dinner. 그는 저녁 식사 후에 TV를 본다.

→ _____

③ She <u>teach</u> science. 그녀는 과학을 가르친다.

→ _____

④ I <u>teaches</u> math. 나는 수학을 가르친다.

→ _____

⑤ John <u>wash</u> his hands. John은 그의 손을 씻는다.

→ _____

⑥ The baby <u>crys</u> every night. 그 아기는 매일 밤 운다.

→ _____

⑦ I <u>loves</u> English. 나는 영어를 정말 좋아한다.

→ _____

⑧ She <u>live</u> in Seoul. 그녀는 서울에 산다.

→ _____

Words like 좋아하다 | **watch TV** TV를 보다 | **after dinner** 저녁 식사 후에 | **science** 과학 |
wash one's hands 손을 씻다 | **love** 사랑하다, 정말 좋아하다 | **live** 살다

From 'Treasure Island' (보물섬)

해석 그가 보물 지도를 가지고 있어요. / 그래? 나는 총을 가지고 있지. / 안 돼! / 짐은 칼밖에 없어.

1 주어가 He, She, It일 때 동사 have는 has로 바뀌어요.

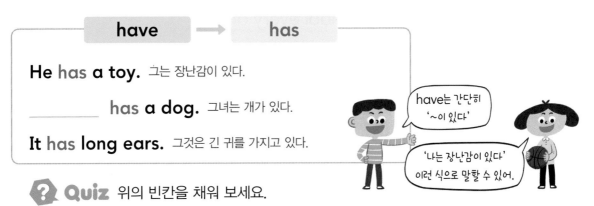

have → **has**

He has a toy. 그는 장난감이 있다.

_____ has a dog. 그녀는 개가 있다.

It has long ears. 그것은 긴 귀를 가지고 있다.

have는 간단히 '~이 있다'

'나는 장난감이 있다' 이런 식으로 말할 수 있어.

? Quiz 위의 빈칸을 채워 보세요.

2 주어가 He, She, It일 때 동사 do는 does로 바뀌어요.

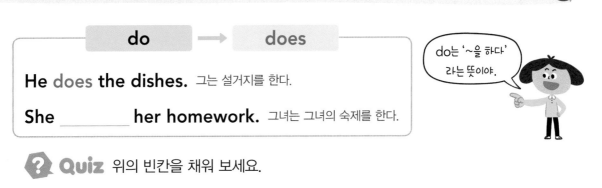

do → **does**

He does the dishes. 그는 설거지를 한다.

She _____ her homework. 그녀는 그녀의 숙제를 한다.

do는 '~을 하다' 라는 뜻이야.

? Quiz 위의 빈칸을 채워 보세요.

3 주어가 He, She, It일 때 동사 go는 goes로 바뀌어요.

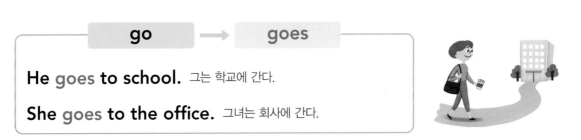

go → **goes**

He goes to school. 그는 학교에 간다.

She goes to the office. 그녀는 회사에 간다.

! Grammar Tips

주어 Sam은 he로, the cat은 it으로 대신할 수 있어요. 이런 주어들도 동사의 형태가 바뀌어요.

① He go / ⊙goes to school every day. 그는 매일 학교에 간다.

② The cat have / has a tail. 그 고양이는 꼬리가 있다.

③ She do / does the laundry. 그녀는 빨래를 한다.

④ Sam do / does his homework. Sam은 그의 숙제를 한다.

⑤ We go / goes to the park after school. 우리는 방과 후에 그 공원에 간다.

⑥ The dogs have / has a ball. 그 개들은 공을 가지고 있다.

⑦ It have / has a long nose. 그것은 긴 코가 있다.

⑧ The dog go / goes to its house. 그 개는 자기 집으로 간다.

Words go 가다 | school 학교 | tail 꼬리 | laundry 세탁물 | homework 숙제 |
after school 방과 후에 | long 긴 | house 집

비교 쓰기 — 두 문장을 서로 비교해 보고 빈칸에 알맞은 말을 써 보세요.

① 나는 / 있다 / 공이.

I have a ball.

그는 / 있다 / 연필이.

He __has__ a pencil.

④ 그녀는 / 간다 / 학교에.

She goes to school.

그들은 / 간다 / 그 공원에.

They _____ to the park.

② 새들은 / 있다 / 날개가.

Birds have wings.

그 고양이는 / 있다 / 꼬리가.

The cat _____ a tail.

⑤ 우리는 / 한다 / 운동을.

We do exercise.

그는 / 한다 / 그의 숙제를.

He _____ his homework.

③ 그는 / 가지고 있다 / 검은색 머리를.

He _____ black hair.

나는 / 가지고 있다 / 검은색 눈을.

I _____ black eyes.

⑥ 그들은 / 간다 / 그 도서관에.

They _____ to the library.

그녀는 / 간다 / 그 시장에.

She _____ to the market.

Words wing 날개 | **black hair** 검은색 머리 | **eye** 눈 | **go to school** 학교에 가다 | **park** 공원 | **exercise** 운동 | **library** 도서관 | **market** 시장

① She **has** a phone. 그녀는 휴대폰이 있다.

② The gorilla _____ long arms. 그 고릴라는 긴 팔을 가지고 있다.

③ Ladybugs _____ six legs. 무당벌레들은 다리 여섯 개가 있다.

④ They _____ to the office. 그들은 회사에 간다.

⑤ He _____ to the park. 그는 공원에 간다.

⑥ Dogs _____ tails. 개들은 꼬리가 있다.

⑦ She _____ to the post office. 그녀는 우체국에 간다.

⑧ It _____ a long tail. 그것은 긴 꼬리를 가지고 있다.

Words **phone** 휴대폰 | **gorilla** 고릴라 | **arm** 팔 | **ladybug** 무당벌레 | **leg** 다리 |
office 회사, 사무실 | **post office** 우체국

① Sam <u>have</u> a hat. Sam은 모자가 있다.

→ **Sam has a hat.**

② She <u>do</u> the dishes. 그녀는 설거지를 한다.

➡

③ He <u>go</u> to the supermarket. 그는 슈퍼마켓에 간다.

➡

④ We <u>does</u> the laundry. 우리는 빨래를 한다.

➡

⑤ They <u>has</u> their gloves. 그들은 그들의 장갑을 가지고 있다.

➡

⑥ The dog <u>have</u> a tail. 그 개는 꼬리가 있다.

➡

⑦ The animals <u>has</u> short tails. 그 동물들은 짧은 꼬리를 가지고 있다.

➡

⑧ He <u>go</u> to the mall. 그는 쇼핑몰에 간다.

➡

Words   supermarket 슈퍼마켓 | do the laundry 빨래를 하다 | gloves 장갑 | animal 동물 | short 짧은 | mall 쇼핑몰

일반동사의 부정문

From 'My Sweet Orange Tree' (나의 라임 오렌지 나무)

Hello, Zeze.

Wow! You can talk. You don't have a mouth.

Yes. I don't have a mouth, but I can talk.

do not은 '무엇이 아니다' 라고 할 때 쓰는 말이지?

맞아! 줄여서 don't라고도 해.

❓ **Quiz** 제제(Zeze)가 나무에게 없다고 한 것이 무엇인지 쓰세요.

• m □ □ □ □

해석 안녕, 제제야. / 와! 너 말할 수 있구나. 넌 입이 없잖아. / 응. 난 입이 없지만 말을 할 수 있어.

1 일반동사 앞에 **do not**을 붙이면 부정문이 돼요.

| 주어 | do not | 일반동사 |

I like cats. → **I do not like cats.** 나는 고양이를 좋아하지 않는다.

We have a ball. → **We do not have a ball.** 우리는 공을 가지고 있지 않다.

2 주어가 He, She, It일 때는 일반동사 앞에 **does not**을 붙이면 돼요.

| 주어 | does not | 일반동사 |

He likes math. → **He does not like math.** 그는 수학을 좋아하지 않는다.

She has a book. → **She _____ not have a book.** 그녀는 책을 가지고 있지 않다.

? Quiz 위의 빈칸을 채워 보세요.

어라? 주어가 He인데 동사 뒤에 -s가 붙지 않네?

응! 주어가 He, She, It이어도 동사 모양은 바뀌지 않아!

3 do not, does not은 줄일 수 있어요.

I do not drink milk. = I don't drink milk. 나는 우유를 마시지 않는다.

He does not play soccer. = He doesn't play soccer. 그는 축구를 하지 않는다.

! Grammar Tips

be동사는 동사 뒤에 not을, 일반동사는 동사 앞에 don't나 doesn't를 붙여서 부정문을 만들어요.

be동사 I am happy. → I am not happy.

일반동사 I like him. → I don't like him.

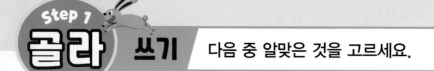
① She do not / **does not** like grapes. 그녀는 포도를 좋아하지 않는다.

② He is not / does not wash his hands. 그는 그의 손을 씻지 않는다.

③ I do not / does not have the ball. 나는 그 공을 가지고 있지 않다.

④ Jenny don't / doesn't dance. Jenny는 춤을 추지 않는다.

⑤ They don't / doesn't watch TV. 그들은 TV를 보지 않는다.

⑥ Dogs don't / doesn't have wings. 개들은 날개가 없다.

⑦ We don't / doesn't play tennis. 우리는 테니스를 치지 않는다.

⑧ I am not / do not eat pizza. 나는 피자를 먹지 않는다.

Words like 좋아하다 | grapes 포도 | wash one's hands 손을 씻다 | dance 춤추다 |
watch TV TV를 보다 | play tennis 테니스를 치다 | eat 먹다 | pizza 피자

116

① 나는 / 가지고 있지 않다 / 책을.

I do not have a book.

그는 / 가지고 있지 않다 / 펜을.

He ___does___ not have a pen.

② 고양이들은 / 가지고 있지 않다 / 날개를.

Cats _____ not have wings.

펭귄들은 / 날지 않는다.

Penguins do _____ fly.

③ 너는 / 가지 않는다 / 학교에.

You do _____ go to school.

그녀는 / 가지 않는다 / 학교에.

She _____ not go to school.

④ 그녀는 / 마시지 않는다 / 우유를.

She _____ drink milk.

그들은 / 마시지 않는다 / 탄산음료를.

They _____ drink soda.

⑤ 그들은 / 좋아하지 않는다 / 초콜릿을.

They don't like chocolates.

그는 / 좋아하지 않는다 / 사탕을.

He _____ like candies.

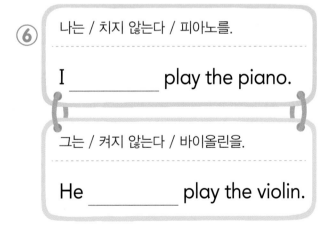

⑥ 나는 / 치지 않는다 / 피아노를.

I _____ play the piano.

그는 / 켜지 않는다 / 바이올린을.

He _____ play the violin.

Words **wing** 날개 | **fly** 날다 | **penguin** 펭귄 | **go to school** 학교에 가다 | **drink** 마시다 |
soda 탄산음료 | **chocolate** 초콜릿 | **candy** 사탕 | **play the violin** 바이올린을 켜다

① I do **not** study science. 나는 과학을 공부하지 않는다.

② She does ___ have long hair. 그녀는 긴 머리를 가지고 있지 않다.

③ Sam ___ not like baseball. Sam은 야구를 좋아하지 않는다.

④ The man does ___ play the piano. 그 남자는 피아노를 치지 않는다.

⑤ You ___ not go to school. 너는 학교에 가지 않는다.

⑥ They ___ do exercise. 그들은 운동을 하지 않는다.

⑦ She ___ ___ have a phone. 그녀는 휴대폰이 없다.

⑧ We ___ ___ like candies. 우리는 사탕을 좋아하지 않는다.

Words science 과학 | baseball 야구 | play the piano 피아노를 치다 | do exercise 운동을 하다 | phone 휴대폰 | candy 사탕

고쳐 쓰기 밑줄 친 부분을 바르게 고쳐 문장을 써 보세요.

① He <u>do</u> not read books. 그는 책을 읽지 않는다.

→ **He does not read books.**

② I <u>doesn't</u> do the dishes. 나는 설거지를 하지 않는다.

→

③ She <u>don't</u> play badminton. 그녀는 배드민턴을 치지 않는다.

→

④ They <u>does not</u> drink soda. 그들은 탄산음료를 마시지 않는다.

→

⑤ The man <u>don't</u> like soccer. 그 남자는 축구를 좋아하지 않는다.

→

⑥ You <u>doesn't</u> have a jacket. 너는 재킷이 없다.

→

⑦ He doesn't <u>goes</u> to school. 그는 학교에 가지 않는다.

→

⑧ She <u>do</u> not live in Seoul. 그녀는 서울에 살지 않는다.

→

words do the dishes 설거지를 하다 | badminton 배드민턴 | soda 탄산음료 | soccer 축구 | jacket 재킷 | school 학교 | live 살다

? Quiz 거울에 비친 사람이 누구인지 고르세요.

- **Dr. Jekyll** ( )   • **mouse** ( )   • **Mr. Hyde** ( )   • **cat** ( )

해석 나를 알아요? / 아니, 몰라. / 그를 알아? / 응, 알지. 그는 하이드 씨야.

1 문장 맨 앞에 Do를 넣으면 질문하는 문장인 의문문이 돼요.

Do	주어	일반동사

You have the book. ➡ **Do** you have the book? 너는 그 책이 있니?

They like dogs. ➡ **Do** they like dogs? 그들은 개를 좋아하니?

2 주어가 He, She, It일 때는 문장 맨 앞에 Does를 넣어요.

Does	주어	일반동사

He likes English. ➡ **Does** he like English? 그는 영어를 좋아하니?

She has a cat. ➡ **Does** she have a cat? 그녀는 고양이가 있니?

Does가 맨 앞에 오면 **Does** **have** has는 have로 써!

3 일반동사의 의문문 대답은 Yes 또는 No로 해요.

Do you like candies?
➡ Yes, I _____.
➡ No, I don't.

Does she play tennis?
➡ Yes, she does.
➡ No, she doesn't.

? Quiz 위의 빈칸을 채워 보세요.

! Grammar Tips

일반동사 부정문에서 주어가 He, She, It일 때, 동사 뒤에 -s를 붙이지 않았어요. 그렇다면 일반동사 의문문에서는 어떨까요? 마찬가지로 주어가 He, She, It이어도 동사에 -s를 붙이지 않아요!

• **Does she likes strawberry?** (✕) • **Does she like strawberry?** (○)

① Do / **Does** she like him? 그녀는 그를 좋아하니?

② Do / Does you like strawberries? 너는 딸기를 좋아하니?

③ Do / Does he have a pencil? 그는 연필을 가지고 있니?

④ Is / Does he play the guitar? 그는 기타를 치니?

⑤ Do / Does the man go to the park? 그 남자는 공원에 가니?

⑥ Do / Does they go to school? 그들은 학교에 가니?

⑦ Do / Does she have yellow hair? 그녀는 노란 머리를 가지고 있니?

⑧ Do / Does she do the dishes? 그녀는 설거지를 하니?

 Words   strawberry 딸기 | guitar 기타 | park 공원 | yellow 노란, 노란색의 | hair 머리카락 | do the dishes 설거지를 하다

① 너는 / 가지고 있니 / 그 책을?

Do you have the book?

그는 / 가지고 있니 / 그 책을?

____Does____ he have the book?

④ 그는 / 보니 / 영화를?

_____ he watch movies?

그들은 / 좋아하니 / 그 가수를?

_____ they like the singer?

② 너는 / 가니 / 교회에?

_____ you go to church?

그녀는 / 가니 / 교회에?

Does she go to church?

⑤ 그녀는 / 가지고 있니 / 큰 눈을?

_____ she have big eyes?

응, / 그녀는 / 가지고 있어.

Yes, _____ _____.

③ 그들은 / 하니 / 빨래를?

_____ they do the laundry?

그는 / 하니 / 설거지를?

_____ he do the dishes?

⑥ 그는 / 마시니 / 탄산음료를?

_____ he drink soda?

아니, / 그는 / 마시지 않아.

No, _____ _____.

Words   church 교회 | laundry 빨래 | watch a movie 영화를 보다 | drink 마시다 | soda 탄산음료

① **Do** you have a pet? 너는 애완동물이 있니?

② ___ she have earrings? 그녀는 귀걸이가 있니?

③ ___ she go to school? 그녀는 학교에 가니?

④ ___ the bird fly in the sky? 그 새는 하늘을 나니?

⑤ ___ they read books after school? 그들은 방과 후에 책들을 읽니?

⑥ A: ___ he want ice cream? 그는 아이스크림을 원하니?

B: ___, he does. 응, 그는 원해.

⑦ A: ___ ___ have a notebook? 너는 공책이 있니?

B: No, I ___. 아니, 나는 없어.

Words pet 애완동물 | earrings 귀걸이 | read 읽다 | after school 방과 후에 | want 원하다 |
ice cream 아이스크림 | notebook 공책

고쳐 쓰기

밑줄 친 부분을 바르게 고쳐 문장을 써 보세요.

① <u>Does</u> you have a pencil? 너는 연필이 있니?

→ Do you have a pencil?

② <u>Do</u> she do the laundry? 그녀는 빨래를 하니?

→

③ <u>Does</u> they play the violin? 그들은 바이올린을 켜니?

→

④ <u>Do</u> he have the ring? 그는 그 반지가 있니?

→

⑤ <u>Do</u> she have her book? 그녀는 그녀의 책을 가지고 있니?

→

⑥ <u>Do</u> the boy play baseball? 그 소년은 야구를 하니?

→

⑦ <u>Does</u> you have a bike? 너는 자전거가 있니?

→

⑧ Does he <u>goes</u> to the library? 그는 그 도서관에 가니?

→

Words pencil 연필 | do the laundry 빨래를 하다 | violin 바이올린 | ring 반지 | baseball 야구 | bike 자전거 | library 도서관

일반동사

▶ **동사의 변화**

• 주어가 He, She, It일 때

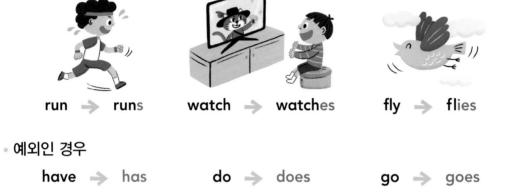

run ⇒ run**s**   watch ⇒ watch**es**   fly ⇒ fl**ies**

• 예외인 경우

have ⇒ has   do ⇒ does   go ⇒ goes

▶ **부정문** 일반동사 앞에 do not / does not을 붙여요.

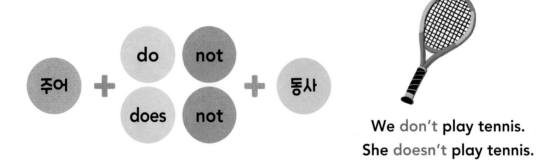

주어 + do not / does not + 동사

We don't play tennis.
She doesn't play tennis.

▶ **의문문** 문장 맨 앞 Do/Does를 붙여요.

Do / Does + 주어 + 동사 + ?

Do you want ice cream?
Does he want ice cream?

Chapter 4 Test

1 다음 괄호 안에서 알맞은 말을 고르세요.

❶ I (study / studies) English.

❷ Tom (run / runs) every day.

❸ My dad (like / likes) ice cream.

❹ You (love / loves) computer games.

2 다음 중 동사의 변화가 올바르지 <u>않은</u> 것을 고르세요.

❶ go – goes   ❷ play – plays   ❸ cry – cries

❹ have – haves   ❺ do – does

3 다음 그림을 보고 빈칸에 들어갈 알맞은 말을 고르세요.

 He _____ his homework.

❶ is   ❷ am   ❸ are

❹ do   ❺ does

4 다음 중 밑줄 친 부분이 <u>잘못된</u> 것을 고르세요.

❶ He <u>watches</u> TV.   ❷ I <u>loves</u> English.

❸ She <u>lives</u> in Seoul.   ❹ They <u>teach</u> math.

❺ The man <u>likes</u> the car.

5 다음 빈칸에 들어갈 말이 바르게 짝지어진 것을 고르세요.

> • I _____ not have long hair.
>
> • _____ you have a pet?

❶ does – Do   **❷** do – Do   **❸** do – Has

❹ have – Does   **❺** do – Does

6 다음 밑줄 친 부분을 줄임말로 쓰세요.

❶ She <u>does not</u> have a phone.   ➔ _____

❷ We <u>do not</u> play basketball.   ➔ _____

7 다음 그림을 보고 대화의 빈칸에 알맞은 말을 쓰세요.

❶

A: Do you like candies?

B: Yes, _____.

❷

A: Does he like ice cream?

B: No, _____.

❸

A: Do you have the book?

B: No, _____.

❹

A: Does she study math?

B: Yes, _____.

8 다음 우리말 뜻을 보고 보기를 이용하여 알맞은 말을 쓰세요.

> go   goes   does   has

❶ He _____ to school every day. 그는 매일 학교에 간다.

❷ Sam _____ the laundry. Sam은 빨래를 한다.

❸ The gorilla _____ long arms. 그 고릴라는 긴 팔을 가지고 있다.

❹ I _____ to church every Sunday. 나는 매주 일요일에 교회에 간다.

9 다음 빈칸에 알맞은 말을 쓰세요.

❶ _____ she do her homework?

❷ _____ they go to the park?

10 다음 문장을 부정문으로 바꿔 쓰세요.

❶ I like dogs.

➜ _____

❷ He swims every day.

➜ _____

❸ Jane has a cat.

➜ _____

❹ She goes to school.

➜ _____

memo

memo

memo

영어 읽기 자신감을 키워주는
영단어 학습법

〈진짜 진짜 사이트 워드〉가 꼭 필요한 이유

1 영어책 읽기가 쉬워져요
영어책에 자주 등장해 사용빈도가 높은 사이트 워드를
알아야 책을 술술 읽을 수 있어요

2 문장으로 익혀요
단순 암기는 그만!
문장 속에서 사이트 워드의 쓰임새를 자연스럽게 이해해요

3 액티비티로 영어 실력을 높여요
다양한 연습문제, 신나는 챈트와 보드게임 등으로
재미있게 학습해요

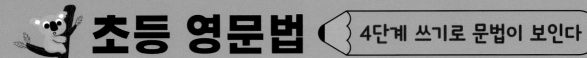

초등 영문법

4단계 쓰기로 문법이 보인다

진짜진짜

쓰기 문법

BASIC 1

Workbook

SISO study

초등 영문법

4단계 쓰기로 문법이 보인다

진짜진짜

쓰기

문법

BASIC 1

Workbook

SISO
study

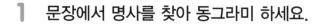

Unit 1 a / an + 명사

1 문장에서 명사를 찾아 동그라미 하세요.

① It is a (garden). 그것은 정원이다.

② I am a cook. 나는 요리사다.

③ It is a cap. 그것은 모자다.

④ I am a fox. 나는 여우다.

⑤ It is a book. 그것은 책이다.

⑥ I am an actor. 나는 배우다.

⑦ It's an airplane. 그것은 비행기다.

⑧ It's an owl. 그것은 부엉이다.

2 빈칸에 a나 an을 쓰세요.

①   a   king

②   actor

③   wolf

④   pencil

⑤   elephant

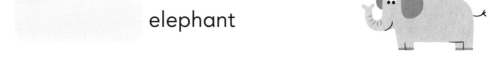

⑥   owl

⑦   umbrella

⑧   orange

1 그림을 보고 단어 앞에 들어갈 알맞은 관사를 고르세요.

①
((a) / an / the) wolf

②
(a / an / the) snake

③
(a / an / the) snake

④
(a / an / the) owl

⑤
(a / an / the) sun

⑥
(a / an / the) king

⑦
(a / an / the) man

⑧
(a / an / the) man

⑨
(a / an / the) moon

2 우리말 뜻과 같도록 빈칸에 a나 an 또는 the를 쓰세요.

① **The** earth is round.

지구는 둥글다.

② It is   pencil.

그것은 연필이다.

③ Watch out for   dog!

그 개 조심해!

④ I am   teacher.

나는 선생님이다.

⑤ Spain is   country.

스페인은 나라이다.

⑥ I have   umbrella.

나는 우산이 있다.

⑦   car is new.

그 차는 새것이다.

⑧ A pumpkin is   vegetable.

호박은 채소이다.

Unit 3 명사의 복수형

1 다음 명사의 복수형을 쓰세요.

	명사	복수형		명사	복수형
①	leaf	leaves	⑦	book	
②	pencil		⑧	baby	
③	butterfly		⑨	bus	
④	box		⑩	dog	
⑤	branch		⑪	knife	
⑥	egg		⑫	dish	

2 주어진 단어를 이용해 빈칸에 알맞은 복수형을 쓰세요.

① apple ▶ There are ____apples____ .
사과들이 있다.

② pencil ▶ I have two _____ .
나는 연필 두 개가 있다.

③ tree ▶ I see four _____ .
나는 나무 네 그루를 본다.

④ fox ▶ There are two _____ .
여우 두 마리가 있다.

⑤ butterfly ▶ There are _____ .
나비들이 있다.

⑥ candy ▶ I have ten _____ .
나는 사탕 열 개가 있다.

⑦ egg ▶ I have three _____ .
나는 계란 세 개가 있다.

⑧ hat ▶ There are seven _____ .
모자 일곱 개가 있다.

1 보기의 단어를 셀 수 있는 명사와 셀 수 없는 명사로 구분하세요.

보기

tea	apple	flower	orange
milk	tree	butter	box
water	sugar	bag	Sally

셀 수 있는 명사

apple
_____

_____

_____

_____

_____

셀 수 없는 명사

_____

_____

_____

_____

_____

2 알맞은 것을 골라 문장을 완성하세요.

① I have some (bread)/ breads . 나는 빵이 조금 있다.

② I have some coffees / coffee . 나는 커피가 조금 있다.

③ There is some cheese / cheeses . 치즈가 조금 있다.

④ Give me some honeys / honey . 나에게 꿀을 조금 줘.

⑤ I have some tea / teas . 나는 차가 조금 있다.

⑥ I have some rices / rice . 나는 쌀이 조금 있다.

⑦ There is some jam / jams . 잼이 조금 있다.

⑧ I have some water / waters . 나는 물이 조금 있다.

1 다음 명사 앞에 a나 an을 쓰고 빈칸에 단어와 함께 쓰세요.

(a나 an을 쓸 수 없으면 ×표 하세요.)

❶ | a | flower → _a flower_

❷ | | Korea → _____

❸ | | egg → _____

❹ | | juice → _____

❺ | | airplane → _____

❻ | | leaf → _____

❼ | | sugar → _____

❽ | | baby → _____

2 그림을 보고 빈칸에 알맞은 숫자와 복수형을 함께 쓰세요.

❶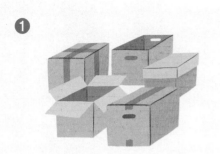

box

→ 5 boxes

❷

apple

→ _____

❸

watch

→ _____

❹

banana

→ _____

❺

wolf

→ _____

❻

horse

→ _____

❼

umbrella

→ _____

❽

pencil

→ _____

❾

baby

→ _____

3 빈칸에 알맞은 관사를 쓰세요.

❶ [The] earth is round. 지구는 둥글다.

❷ I am [ ] actor. 나는 배우다.

❸ It is [ ] good song. 그것은 좋은 노래다.

❹ I like [ ] moon. 나는 달을 좋아한다.

❺ There is [ ] elephant. 코끼리가 있다.

❻ I am [ ] pilot. 나는 비행기 조종사다.

❼ I see [ ] boy. 나는 소년을 본다.

❽ There is [ ] bird in [ ] sky. 하늘에 새가 있다.

4 밑줄 친 부분을 바르게 고쳐 쓰세요.

❶ I like <u>a sun</u>. → _____the sun_____
나는 태양을 좋아한다.

❷ <u>An banana</u> is a fruit. → _____
바나나는 과일이다.

❸ There are some <u>boxs</u>. → _____
상자가 조금 있다.

❹ I have some <u>coffees</u>. → _____
나는 커피가 조금 있다.

❺ <u>A sky</u> is blue. → _____
하늘은 파랗다.

❻ You have twelve <u>egges</u>. → _____
너는 계란 열 두개가 있다.

❼ It is <u>owl</u>. → _____
그것은 부엉이다.

❽ Watch out for <u>a car</u>! → _____
그 차 조심해!

Unit 1 인칭대명사: 단수

1 주어진 단어를 대신할 수 있는 대명사를 쓰세요.

① a cat ▶ It

② Jenny ▶

③ a man ▶

④ a girl ▶

⑤ Mark ▶

⑥ Sally ▶

⑦ a watch ▶

⑧ an actress ▶

⑨ a spoon ▶

⑩ a book ▶

⑪ father ▶

⑫ a bus ▶

2 우리말 뜻과 같도록 빈칸에 알맞은 말을 쓰세요.

①   **She**   is a student. 그녀는 학생이다.

②   is a cat. 그것은 고양이다.

③   am a king. 나는 왕이다.

④   are a painter. 너는 화가다.

⑤   is my teacher. 그는 나의 선생님이다.

⑥ I like juice.   is yummy.

나는 주스를 좋아한다. 그것은 맛있다.

⑦ Jessica is an actress.   is tall.

Jessica는 여배우다. 그녀는 키가 크다.

⑧ Tom is a doctor.   is handsome.

Tom은 의사다. 그는 잘생겼다.

Unit 2 인칭대명사: 복수

1 주어진 단어를 대신할 수 있는 대명사를 쓰세요.

① Jenny and I ▶ We

⑦ She and I ▶

② You and Sally ▶

⑧ He and she ▶

③ You and I ▶

⑨ the students ▶

④ the actors ▶

⑩ Tom and I ▶

⑤ He and Sam ▶

⑪ You and Judy ▶

⑥ two pens ▶

⑫ Mom and Dad ▶

2 밑줄 친 부분을 대신할 수 있는 말을 고르세요.

① <u>The teachers</u> are kind. ▶ She /(They)
그 선생님들은 친절하다.

② <u>Jenny and I</u> are twins. ▶ We / I
Jenny와 나는 쌍둥이다.

③ <u>You and Helen</u> like music. ▶ They / You
너와 Helen은 음악을 좋아한다.

④ <u>Julie and I</u> are young. ▶ She / We
Julie와 나는 어리다.

⑤ <u>The pens</u> are good. ▶ It / They
그 펜들은 좋다.

⑥ <u>She and Sally</u> are singers. ▶ We / They
그녀와 Sally는 가수들이다.

⑦ <u>The rabbits</u> are cute. ▶ It / They
그 토끼들은 귀엽다.

⑧ <u>Mom and I</u> play the piano. ▶ We / They
엄마와 나는 피아노를 연주한다.

1 주어진 단어와 그 소유격을 바르게 연결하세요.

① the scientist •   • its

② she •   • their

③ it •   • her

④ they •   • the scientist's

⑤ I •   • your

⑥ you •   • my

⑦ we •   • Tom's

⑧ Tom •   • our

2 우리말 뜻과 같도록 보기 에서 알맞은 말을 골라 쓰세요.

> 보기
>
> | my | your | his |
> | her | our | their |

① __His__ shoes are expensive. 그의 신발은 비싸다.

② These are _____ bags. 이것들은 그들의 가방들이다.

③ _____ friends are nice. 너의 친구들은 착하다.

④ It is _____ phone. 그것은 그녀의 휴대폰이다.

⑤ _____ computer is new. 나의 컴퓨터는 새것이다.

⑥ _____ house is big. 우리의 집은 크다.

1 그림을 보고 빈칸에 알맞은 말을 쓰세요.

①  **This** is a dress.
이것은 드레스다.

②  _____ are shoes.
저것들은 신발이다.

③  _____ are tomatoes.
이것들은 토마토들이다.

④ 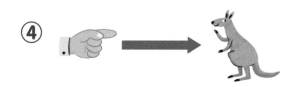 _____ is a kangaroo.
저것은 캥거루다.

⑤  _____ are watches.
이것들은 시계들이다.

⑥  _____ are socks.
저것들은 양말이다.

2 알맞은 것을 골라 문장을 완성하세요.

① This / (These) are my sisters. 이 사람들은 내 여동생들이다.

② That / Those is a car. 저것은 자동차다.

③ These / This is my new phone. 이것은 내 새 휴대폰이다.

④ This / Those are bears. 저것들은 곰들이다.

⑤ That / Those are actors. 저 사람들은 배우들이다.

⑥ Those / That are his pants. 저것들은 그의 바지다.

⑦ This / Those is Sally. 이 사람은 Sally다.

⑧ These / That is his car. 저것은 그의 차다.

1 알맞은 것을 골라 문장을 완성하세요.

❶ It is [(my) / I] watch. 그것은 나의 시계다.

❷ This is [he / your] jacket. 이것은 너의 재킷이다.

❸ Tom is [its / my] best friend. Tom은 나의 제일 친한 친구다.

❹ [Your / She] hair is long. 너의 머리카락은 길다.

❺ [Their / We] house is big. 그들의 집은 크다.

❻ [He / His] eyes are blue. 그의 눈은 파란색이다.

❼ That is [her / she] pencil case. 저것은 그녀의 필통이다.

❽ There is a butterfly. [Its / It] wings are beautiful.
나비가 있다. 그것의 날개는 아름답다.

2 우리말 뜻과 같도록 보기 에서 알맞은 말을 골라 쓰세요.

보기
we	their	I
that	his	they

❶ [I] am a firefighter. 나는 소방관이다.

❷ Tom is [ ] cousin. Tom은 그의 사촌이다.

❸ [ ] go to school. 그들은 학교에 간다.

❹ [ ] play soccer. 우리는 축구를 한다.

❺ They clean [ ] rooms. 그들은 그들의 방을 청소한다.

❻ [ ] is Jenny's book. 저것은 Jenny의 책이다.

3 우리말 뜻과 같도록 밑줄 친 부분을 바르게 고쳐 쓰세요.

❶ <u>Jennys</u> shoes are new. ➡ ___Jenny's___
Jenny의 신발은 새것이다.

❷ I wash <u>I</u> hands. ➡ _____
나는 나의 손을 닦는다.

❸ <u>We</u> is a scientist. ➡ _____
그는 과학자다.

❹ <u>They</u> music is good. ➡ _____
그들의 음악은 좋다.

❺ <u>These</u> is my bag. ➡ _____
이것은 나의 가방이다.

❻ <u>Your</u> are smart. ➡ _____
너는 똑똑하다.

❼ <u>That</u> are my friends. ➡ _____
저 사람들은 내 친구들이다.

❽ Where is <u>Marys</u> bag? ➡ _____
Mary의 가방은 어디에 있니?

24

4 밑줄 친 부분을 대신할 수 있는 말로 바꿔 문장을 다시 쓰세요.

❶ <u>The man</u> is my father. → He is my father.
그 남자는 내 아버지다.

❷ <u>The apples</u> are sweet. → _____
그 사과들은 달콤하다.

❸ <u>The book</u> is new. → _____
그 책은 새것이다.

❹ <u>Tom and Jerry</u> are tall. → _____
Tom과 Jerry는 키가 크다.

❺ <u>You and I</u> are cooks. → _____
너와 나는 요리사들이다.

❻ <u>Sally</u> is a student. → _____
Sally는 학생이다.

❼ <u>My sisters</u> are twins. → _____
내 언니들은 쌍둥이다.

❽ <u>The cat</u> is cute. → _____
그 고양이는 귀엽다.

1 빈칸에 알맞은 be동사를 쓰세요.

① You **are** Tom. 너는 Tom이다.

② They _____ my sisters. 그들은 내 여동생들이다.

③ It _____ a penguin. 그것은 펭귄이다.

④ We _____ tall. 우리는 키가 크다.

⑤ She _____ honest. 그녀는 정직하다.

⑥ I _____ tired. 나는 피곤하다.

⑦ You _____ a scientist. 너는 과학자다.

⑧ It _____ a camera. 그것은 카메라다.

2 밑줄 친 부분을 줄여서 문장을 다시 쓰세요.

① <u>I am</u> a teacher. → <u>I'm a teacher.</u>
나는 선생님이다.

② <u>You are</u> his friends. → _____
너희들은 그의 친구들이다.

③ <u>He is</u> a nurse. → _____
그는 간호사다.

④ <u>They are</u> koalas. → _____
그것들은 코알라들이다.

⑤ <u>It is</u> a book. → _____
그것은 책이다.

⑥ <u>We are</u> hungry. → _____
우리는 배고프다.

⑦ <u>She is</u> bright. → _____
그녀는 머리가 좋다.

⑧ <u>You are</u> pretty. → _____
너는 예쁘다.

1 알맞은 것을 골라 문장을 완성하세요.

① He (is not)/ aren't a violinist. 그는 바이올리니스트가 아니다.

② I am not / amn't short. 나는 키가 작지 않다.

③ She am not / is not my aunt. 그녀는 내 이모가 아니다.

④ The shoes aren't / isn't old. 그 신발들은 낡지 않았다.

⑤ You and I am not / are not scientists.

너와 나는 과학자들이 아니다.

⑥ It isn't / aren't a cat. It's a raccoon.

그것은 고양이가 아니다. 그것은 너구리다.

⑦ My parents am not / are not doctors.

내 부모님은 의사들이 아니다.

⑧ Jenny and I isn't / aren't hungry.

Jenny와 나는 배고프지 않다.

2 밑줄 친 부분을 줄여서 문장을 다시 쓰세요.

① We <u>are not</u> tired. 우리는 피곤하지 않다.

➡ We aren't tired.

② Jenny <u>is not</u> a vet. Jenny는 수의사가 아니다.

➡ _____

③ It <u>is not</u> my bag. 그것은 내 가방이 아니다.

➡ _____

④ We <u>are not</u> brothers. 우리는 형제가 아니다.

➡ _____

⑤ He <u>is not</u> a liar. 그는 거짓말쟁이가 아니다.

➡ _____

⑥ She <u>is not</u> sad. 그녀는 슬프지 않다.

➡ _____

⑦ The building <u>is not</u> a house. 그 건물은 집이 아니다.

➡ _____

⑧ They <u>are not</u> ducks. 그것들은 오리가 아니다.

➡ _____

1 주어진 문장을 의문문으로 바꿔 쓰세요.

① They are students. 그들은 학생들이다.

→ _____**Are they**_____ students?

② He is her cousin. 그는 그녀의 사촌이다.

→ _____ her cousin?

③ My shirt is dirty. 내 셔츠는 더럽다.

→ _____ dirty?

④ You are hungry. 너는 배고프다.

→ _____ hungry?

⑤ She is an actress. 그녀는 여배우다.

→ _____ an actress?

⑥ The cars are expensive. 그 차들은 비싸다.

→ _____ expensive?

⑦ Tom is your brother. Tom은 너의 남동생이다.

→ _____ your brother?

⑧ They are firefighters. 그들은 소방관들이다.

→ _____ firefighters?

2 빈칸을 채워 대화를 완성하세요.

① A: Are they rabbits? 그것들은 토끼들이니?

B: Yes, ____they____ ____are____ .

② A: Is he your uncle? 그는 너의 삼촌이니?

B: _____, he isn't.

③ A: Are we busy? 우리는 바쁘니?

B: Yes, _____ _____ .

④ A: Are you hungry? 너는 배고프니?

B: No, _____ _____ .

⑤ A: Is it your cap? 그것은 너의 모자니?

B: _____, it is.

⑥ A: Is he funny? 그는 재미있니?

B: Yes, _____ _____ .

1 알맞은 것을 골라 문장을 완성하세요.

① What is / (are) they? 그것들은 무엇이니?

② Who / When is she? 그녀는 누구니?

③ Where / Who is my phone? 내 휴대폰은 어디에 있니?

④ When am / is her birthday? 그녀의 생일은 언제니?

⑤ Who are / am you? 너는 누구니?

⑥ Where / Who is my pencil? 내 연필은 어디에 있니?

⑦ When / What is your favorite song? 네가 가장 좋아하는 노래는 무엇이니?

⑧ Who / When is Christmas? 크리스마스는 언제니?

2 우리말 뜻과 같도록 보기 에서 알맞은 말을 골라 쓰세요.

보기   What   Who   Where   When

① A: _____Where_____ are my shoes? 내 신발은 어디에 있니?

B: They are here.

② A: _____ is she? 그녀는 누구니?

B: She is my sister.

③ A: _____ is your birthday? 너의 생일은 언제니?

B: It's on May 3rd.

④ A: _____ is it? 그것은 무엇이니?

B: It's my camera.

⑤ A: _____ are you? 너는 어디에 있니?

B: I'm at the park.

⑥ A: _____ is your name? 너의 이름은 무엇이니?

B: I'm Jess.

1 보기 에서 알맞은 말을 골라 쓰세요.

보기
am   are   is

❶ This is a pen. 이것은 펜이다.

❷ They [   ] my cousins. 그들은 내 사촌들이다.

❸ I [   ] a cook. 나는 요리사다.

❹ Sally and I [   ] friends. Sally와 나는 친구들이다.

❺ Those [   ] my glasses. 저것들은 내 안경이다.

❻ Sam [   ] smart. Sam은 똑똑하다.

❼ I [   ] tall. 나는 키가 크다.

❽ You [   ] kind. 너는 친절하다.

2 우리말 뜻과 같도록 빈칸에 알맞은 말을 쓰세요.

❶ Tom [isn't] my brother. Tom은 내 오빠가 아니다.

❷ We [ ] hungry. 우리는 배고프지 않다.

❸ It [ ] my book. 그것은 내 책이 아니다.

❹ She [ ] my cousin. 그녀는 내 사촌이 아니다.

❺ I [ ] a doctor. 나는 의사가 아니다.

❻ They [ ] soccer players. 그들은 축구 선수들이 아니다.

❼ Jenny [ ] lazy. Jenny는 게으르지 않다.

❽ Chris and I [ ] thirsty. Chris와 나는 목마르지 않다.

3 빈칸에 들어갈 알맞은 말을 고르고 문장을 다시 쓰세요.

❶ [   ] your cousin?   ☑ Is he   ☐ Are he

그가 너의 사촌이니?

❷ [   ] hungry?   ☐ Is you   ☐ Are you

너는 배고프니?

❸ [   ] painters?   ☐ Is they   ☐ Are they

그들은 화가들이니?

❹ [   ] happy?   ☐ Is she   ☐ Am she

그녀는 행복하니?

문장을 써보세요

❶ Is he your cousin?
_____

❷ _____
_____

❸ _____
_____

❹ _____
_____

4 주어진 단어를 순서대로 배치하여 문장을 완성하세요.

❶ 나는 피아니스트가 아니다.

a pianist	am	I	not
I	am	not	a pianist

.

❷ 내 재킷은 어디에 있니?

is	Where	jacket	my

?

❸ 그녀는 가수가 아니다.

not	a singer	She	is

.

❹ 그들은 너의 부모님이시니?

they	parents	your	Are

?

❺ 너의 생일은 언제니?

is	When	birthday	your

?

❻ 그녀는 나의 어머니시다.

my	is	She	mother

.

1 주어가 He, She, It일 때 알맞은 동사의 형태를 쓰세요.

① play ▶ plays

② mix ▶

③ run ▶

④ push ▶

⑤ love ▶

⑥ fly ▶

⑦ cry ▶

⑧ want ▶

⑨ live ▶

⑩ talk ▶

⑪ read ▶

⑫ walk ▶

2 우리말 뜻과 같도록 보기에서 알맞은 단어를 골라 바른 형태로 쓰세요.

> 보기
>
> study 공부하다　read 읽다　　like 좋아하다　teach 가르치다
> love 사랑하다　fly 날다　　watch 보다　　live 살다

① I ___like___ strawberries. 나는 딸기를 좋아한다.

② We _____ you. 우리는 너를 사랑한다.

③ Sam and Jenny _____ together. Sam과 Jenny는 함께 공부한다.

④ She _____ books. 그녀는 책을 읽는다.

⑤ The bird _____ in the sky. 그 새는 하늘을 난다.

⑥ They _____ in an apartment. 그들은 아파트에 산다.

⑦ Tom _____ TV. Tom은 TV를 본다.

⑧ I _____ history. 나는 역사를 가르친다.

1   알맞은 것을 골라 문장을 완성하세요.

① It   have / ~~has~~   a long tail. 그것은 긴 꼬리를 가지고 있다.

② Sam   have / has   short hair. Sam은 짧은 머리를 가지고 있다.

③ They   go / goes   to the park. 그들은 그 공원에 간다.

④ He   do / does   the dishes. 그는 설거지를 한다.

⑤ Gorillas   have / has   long arms. 고릴라들은 긴 팔을 가지고 있다.

⑥ She   go / goes   to the library. 그녀는 그 도서관에 간다.

⑦ He   do / does   his homework. 그는 그의 숙제를 한다.

⑧ Jenny and Jerry   do / does   exercise together.
Jenny와 Jerry는 함께 운동을 한다.

2 우리말 뜻과 같도록 보기 에서 알맞은 단어를 골라 쓰세요.

보기

have	go	do
goes	does	has

① Mike ___goes___ to school. Mike는 학교에 간다.

② Elephants _____ long noses. 코끼리는 긴 코를 가지고 있다.

③ I _____ my homework. 나는 내 숙제를 한다.

④ They _____ to the market. 그들은 그 시장에 간다.

⑤ Dogs _____ four legs. 개는 다리 네 개를 가지고 있다.

⑥ He _____ black eyes. 그는 검은색 눈을 가지고 있다.

⑦ We _____ to the library. 우리는 그 도서관에 간다.

⑧ She _____ the dishes. 그녀는 설거지를 한다.

1 알맞은 것을 골라 문장을 완성하세요.

① I ⟨don't⟩ / doesn't have a phone. 나는 휴대폰이 없다.

② You don't / doesn't have a pen. 너는 펜이 없다.

③ He don't / doesn't drink coffee. 그는 커피를 마시지 않는다.

④ We don't / doesn't watch TV. 우리는 TV를 보지 않는다.

⑤ She do not / does not like bananas.

그녀는 바나나를 좋아하지 않는다.

⑥ Tom and I don't / doesn't play soccer.

Tom과 나는 축구를 하지 않는다.

⑦ Dogs do not / does not have wings.

개들은 날개를 가지고 있지 않다.

⑧ Jenny do not / does not like pizza.

Jenny는 피자를 좋아하지 않는다.

2 주어진 문장을 부정문으로 바꿔 쓰세요.

① Jerry plays badminton. Jerry는 배드민턴을 친다.

→ Jerry _____**doesn't play**_____ badminton.

② Tom and I like milk. Tom과 나는 우유를 좋아한다.

→ Tom and I _____ milk.

③ They go to school. 그들은 학교에 간다.

→ They _____ to school.

④ She plays the piano. 그녀는 피아노를 연주한다.

→ She _____ the piano.

⑤ I have a watch. 나는 시계가 있다.

→ I _____ a watch.

⑥ Sally cleans her room. Sally는 그녀의 방을 청소한다.

→ Sally _____ her room.

⑦ The baby cries. 그 아기가 운다.

→ The baby _____ .

⑧ The birds fly in the sky. 그 새들은 하늘을 난다.

→ The birds _____ in the sky.

Unit 4 일반동사의 의문문

1 주어진 문장을 의문문으로 바꿔 쓰세요.

① They like the singer. 그들은 그 가수를 좋아한다.

→ _____Do they like_____ the singer?

② Tony goes to school. Tony는 학교에 간다.

→ _____ to school?

③ You have a computer. 너는 컴퓨터가 있다.

→ _____ a computer?

④ It has a long nose. 그것은 긴 코를 가지고 있다.

→ _____ a long nose?

⑤ The girls play soccer. 그 소녀들은 축구를 한다.

→ _____ soccer?

⑥ He likes dogs. 그는 개를 좋아한다.

→ _____ dogs?

⑦ You have my book. 너는 내 책을 가지고 있다.

→ _____ my book?

⑧ She teaches English. 그녀는 영어를 가르친다.

→ _____ English?

2 빈칸을 채워 대화를 완성하세요.

① A: **Do you have my pen?** 너는 내 펜을 가지고 있니?

   B: _____**No**_____ , I don't.

② A: **Does Tom live here?** Tom은 여기에 사니?

   B: Yes, he _____.

③ A: **Do they like math?** 그들은 수학을 좋아하니?

   B: _____, they do.

④ A: **Does Sally have green eyes?** Sally는 초록색 눈을 가지고 있니?

   B: No, _____ _____.

⑤ A: **Do you have sugar?** 너는 설탕이 있니?

   B: No, _____ _____.

⑥ A: **Does he like coffee?** 그는 커피를 좋아하니?

   B: Yes, _____ _____.

1 알맞은 동사의 형태를 골라 문장을 완성하세요.

❶ She [likees / (likes)] books. 그녀는 책을 좋아한다.

❷ He [washes / washs] his hands. 그는 그의 손을 씻는다.

❸ It [runes / runs] fast. 그것은 빠르게 달린다.

❹ She [cries / crys] every night. 그녀는 매일 밤 운다.

❺ He [mixies / mixes] the water. 그는 물을 섞는다.

❻ It [swims / swimes] in the pool. 그것은 수영장에서 수영한다.

❼ He [studyes / studies] English. 그는 영어를 공부한다.

❽ She [plays / playes] the piano. 그녀는 피아노를 연주한다.

2 우리말 뜻과 같도록 빈칸에 알맞은 말을 쓰세요.

❶ I   don't   like apples. 나는 사과를 좋아하지 않는다.

❷ She [   ] want pizza. 그녀는 피자를 원하지 않는다.

❸ He [   ] watch TV. 그는 TV를 보지 않는다.

❹ My dogs [   ] drink milk. 내 개들은 우유를 마시지 않는다.

❺ They [   ] do the dishes. 그들은 설거지를 하지 않는다.

❻ I [   ] have a car. 나는 차가 없다.

❼ He [   ] do exercise. 그는 운동을 하지 않는다.

❽ They [   ] go to school. 그들은 학교에 가지 않는다.

3 빈칸에 들어갈 알맞은 말을 고르고 문장을 다시 쓰세요.

❶ [   ] badminton?

그들은 배드민턴을 치니?

☐ They play
☑ Do they play

❷ [   ] science?

그는 과학을 공부하니?

☐ Does he study
☐ Do he study

❸ [   ] my bag?

너는 내 가방을 가지고 있니?

☐ Do you have
☐ You have

❹ [   ] milk?

그녀는 우유를 마시니?

☐ She drink
☐ Does she drink

문장을 써보세요

❶ Do they play badminton?

❷ _____

❸ _____

❹ _____

48

4 주어진 단어를 순서대로 배치하여 문장을 완성하세요.

① 그는 커피를 좋아하지 않는다.

He	coffee	like	doesn't
He	doesn't	like	coffee

.

② 그것은 꼬리가 있니?

have	a tail	it	Does

?

③ 나는 아이스크림을 원하지 않는다.

I	ice cream	don't	want

.

④ 그는 바이올린을 연주한다.

plays	He	the violin

.

⑤ 그녀는 학교에 간다.

goes	She	school	to

.

⑥ 너는 영어를 좋아하니?

English	Do	like	you

?

초등 영문법 · 4번 쓰다 보면 문법이 보인다

진 짜 진 짜

쓰기 문법 BASIC 1

정답과 해설

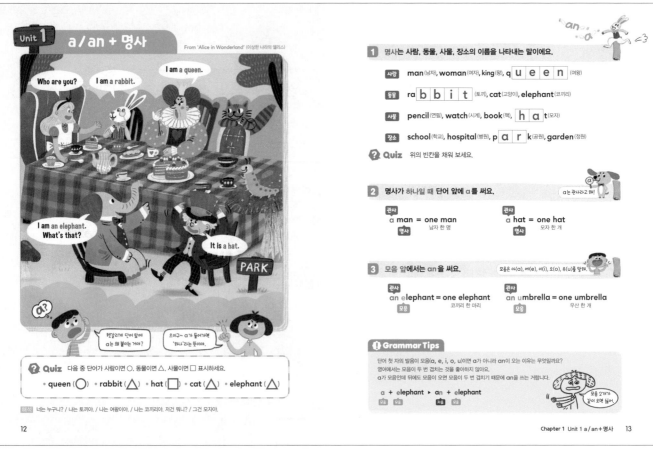

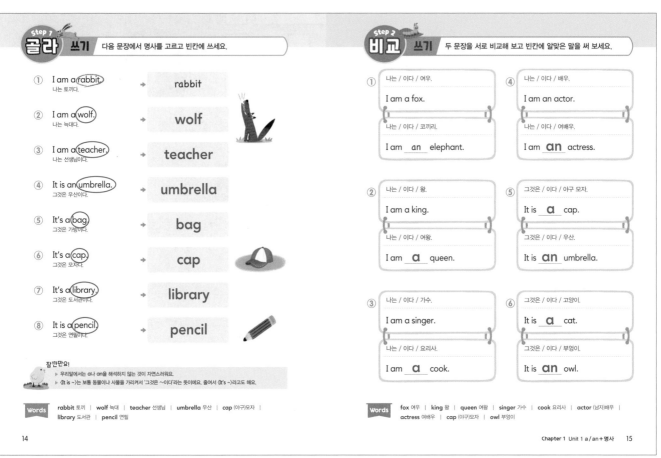

채워 쓰기 빈칸에 a 또는 an을 쓰세요.

① I am a rabbit. 나는 토끼다.

② It is an elephant. 그것은 코끼리다.

③ I am a queen. 나는 여왕이다.

④ It is an owl. 그것은 부엉이다.

⑤ I am an actor. 나는 배우다.

⑥ It's a hat. 그것은 모자다.

⑦ I am a cook. 나는 요리사다.

⑧ It's an umbrella. 그것은 우산이다.

Words | rabbit 토끼 | elephant 코끼리 | queen 여왕 | owl 부엉이 | actor (남자)배우 |
hat 모자 | cook 요리사 | umbrella 우산

16

고쳐 쓰기 밑줄 친 부분을 바르게 고쳐 문장을 써 보세요.

① I am <u>teacher</u>. 나는 선생님이다.
→ I am a teacher.

② I am <u>a</u> actress. 나는 여배우다.
→ I am an actress.

③ I am <u>a</u> actor. 나는 배우다.
→ I am an actor.

④ I am <u>an</u> singer. 나는 가수다.
→ I am a singer.

⑤ It is <u>an</u> hat. 그것은 모자다.
→ It is a hat.

⑥ It is <u>an</u> park. 그것은 공원이다.
→ It is a park.

⑦ It is <u>a</u> umbrella. 그것은 우산이다.
→ It is an umbrella.

⑧ It is <u>elephant</u>. 그것은 코끼리다.
→ It is an elephant.

Words | teacher 선생님 | actress 여배우 | actor (남자)배우 | singer 가수 | hat 모자 |
park 공원 | umbrella 우산 | elephant 코끼리

Unit 2 the + 명사

From 'The Jungle Book' (정글북)

Wake up!
The sun is high.

I like the banana.

Watch out for the snake!

Oh, no!

똑똑한데! a처럼 the도 관사야.
정관사라고 하지.

명사 앞에 a 말고 the가 왔잖아.
그럼 the는 관사인가?

❓ Quiz 위 그림에서 화살표가 있는 단어를 찾아 the와 함께 쓰세요.
• the sun • the banana • the snake

해석 일어나! 해가 중천에 떠 있어. / 난 그 바나나가 좋아. / 그 뱀 조심해! / 오, 이런!

18

1 정해진 것을 가리킬 때는 a 대신 the를 써요.

a banana | the banana | a snake | the snake
바나나 한 개 | 그 바나나 | 뱀 한 마리 | 그 뱀

a man | the man | a clock | the clock
남자 한 명 | 그 남자 | 시계 한 개 | 그 시계

2 세상에 단 하나밖에 없는 것 앞에는 the를 써야 해요.

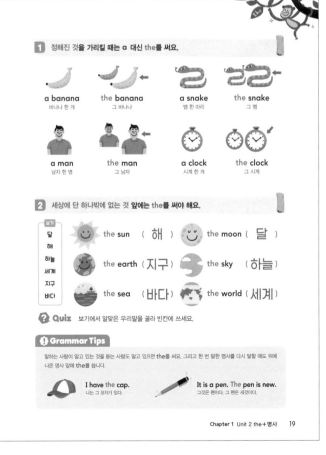

보기
달
해
하늘
세계
지구
바다

the sun (해) the moon (달)

the earth (지구) the sky (하늘)

the sea (바다) the world (세계)

❓ Quiz 보기에서 알맞은 우리말을 골라 빈칸에 쓰세요.

ⓘ Grammar Tips

말하는 사람이 알고 있는 것을 듣는 사람도 알고 있으면 the를 써요. 그리고 한 번 말한 명사를 다시 말할 때도 뒤에
나온 명사 앞에 the를 씁니다.

I have the cap.
나는 그 모자가 있다.

It is a pen. The pen is new.
그것은 펜이다. 그 펜은 새것이다.

정답과 해설 53

BASIC 1 　정답과 해설

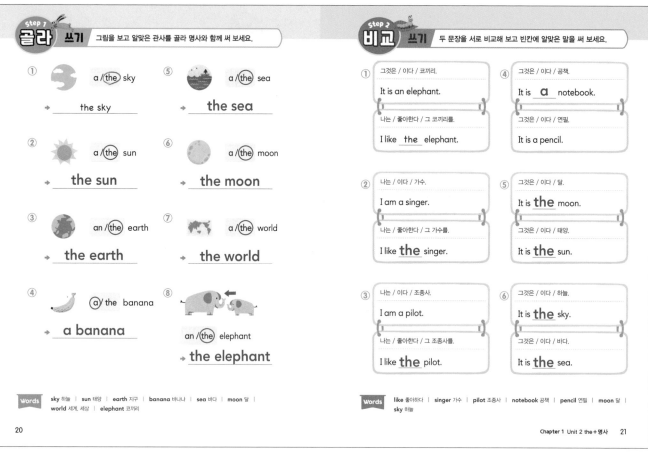

Step 1　골라 쓰기　그림을 보고 알맞은 관사를 골라 명사와 함께 써 보세요.

① a /(the) sky　→ the sky
② a /(the) sun　→ the sun
③ an /(the) earth　→ the earth
④ (a)/ the banana　→ a banana
⑤ a /(the) sea　→ the sea
⑥ a /(the) moon　→ the moon
⑦ a /(the) world　→ the world
⑧ an /(the) elephant　→ the elephant

Words sky 하늘 | sun 태양 | earth 지구 | banana 바나나 | sea 바다 | moon 달 | world 세계, 세상 | elephant 코끼리

20

Step 2　비교 쓰기　두 문장을 서로 비교해 보고 빈칸에 알맞은 말을 써 보세요.

① 그것은 / 이다 / 코끼리.
It is an elephant.
나는 / 좋아한다 / 그 코끼리를.
I like the elephant.

② 나는 / 이다 / 가수.
I am a singer.
나는 / 좋아한다 / 그 가수를.
I like the singer.

③ 나는 / 이다 / 조종사.
I am a pilot.
나는 / 좋아한다 / 그 조종사를.
I like the pilot.

④ 그것은 / 이다 / 공책.
It is a notebook.
그것은 / 이다 / 연필.
It is a pencil.

⑤ 그것은 / 이다 / 달.
It is the moon.
그것은 / 이다 / 태양.
It is the sun.

⑥ 그것은 / 이다 / 하늘.
It is the sky.
그것은 / 이다 / 바다.
It is the sea.

Words like 좋아하다 | singer 가수 | pilot 조종사 | notebook 공책 | pencil 연필 | moon 달 | sky 하늘

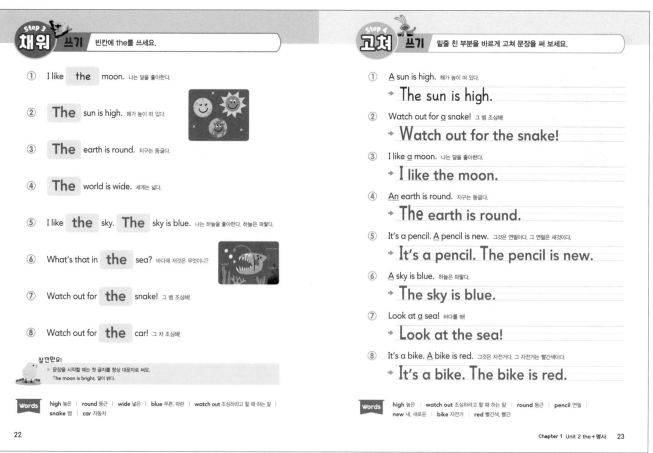

Step 3　채워 쓰기　빈칸에 the를 쓰세요.

① I like the moon. 나는 달을 좋아한다.
② The sun is high. 해가 높이 떠 있다.
③ The earth is round. 지구는 둥글다.
④ The world is wide. 세계는 넓다.
⑤ I like the sky. The sky is blue. 나는 하늘을 좋아한다. 하늘은 파랗다.
⑥ What's that in the sea? 바다에 저것은 무엇이니?
⑦ Watch out for the snake! 그 뱀 조심해!
⑧ Watch out for the car! 그 차 조심해!

잠깐만요!
▶ 문장을 시작할 때는 첫 글자를 항상 대문자로 써요.
The moon is bright. 달이 밝다.

Words high 높은 | round 둥근 | wide 넓은 | blue 푸른, 파란 | watch out 조심하라고 할 때 하는 말 | snake 뱀 | car 자동차

22

Step 4　고쳐 쓰기　밑줄 친 부분을 바르게 고쳐 문장을 써 보세요.

① A sun is high. 해가 높이 떠 있다.
→ The sun is high.
② Watch out for a snake! 그 뱀 조심해!
→ Watch out for the snake!
③ I like a moon. 나는 달을 좋아한다.
→ I like the moon.
④ An earth is round. 지구는 둥글다.
→ The earth is round.
⑤ It's a pencil. A pencil is new. 그것은 연필이다. 그 연필은 새것이다.
→ It's a pencil. The pencil is new.
⑥ A sky is blue. 하늘은 파랗다.
→ The sky is blue.
⑦ Look at a sea! 바다를 봐!
→ Look at the sea!
⑧ It's a bike. A bike is red. 그것은 자전거다. 그 자전거는 빨간색이다.
→ It's a bike. The bike is red.

Words high 높은 | watch out 조심하라고 할 때 하는 말 | round 둥근 | pencil 연필 | new 새, 새로운 | bike 자전거 | red 빨간색, 빨간

Unit 3 명사의 복수형

From 'The Giving Tree' (아낌없이 주는 나무)

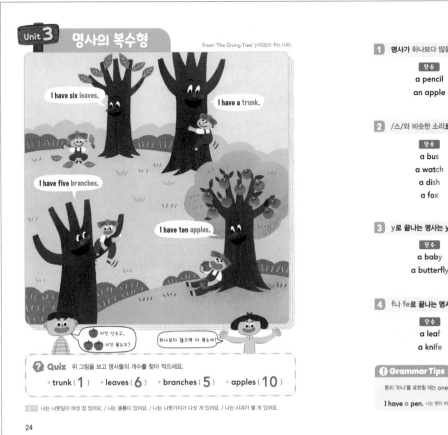

- I have six leaves.
- I have a trunk.
- I have five branches.
- I have ten apples.

이건 단수고, 이건 복수지?

하나보다 많으면 다 복수야!

❓ Quiz 위 그림을 보고 명사들의 개수를 찾아 적으세요.

• trunk (1) • leaves (6) • branches (5) • apples (10)

해석 나는 나뭇잎이 여섯 장 있어요. / 나는 몸통이 있어요. / 나는 나뭇가지가 다섯 개 있어요. / 나는 사과가 열 개 있어요.

24

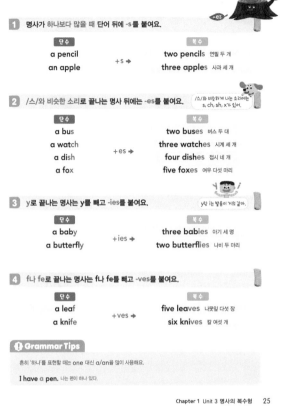

1 명사가 하나보다 많을 때 단어 뒤에 -s를 붙여요.

단수		복수
a pencil	+s ➡	two pencils 연필 두 개
an apple		three apples 사과 세 개

2 /스/와 비슷한 소리로 끝나는 명사 뒤에는 -es를 붙여요.

/스/와 비슷하게 나는 소리에는 s, ch, sh, x가 있어.

단수		복수
a bus		two buses 버스 두 대
a watch	+es ➡	three watches 시계 세 개
a dish		four dishes 접시 네 개
a fox		five foxes 여우 다섯 마리

3 y로 끝나는 명사는 y를 빼고 -ies를 붙여요.

y라는 발음이 거의 같아.

단수		복수
a baby	+ies ➡	three babies 아기 세 명
a butterfly		two butterflies 나비 두 마리

4 f나 fe로 끝나는 명사는 f나 fe를 빼고 -ves를 붙여요.

단수		복수
a leaf	+ves ➡	five leaves 나뭇잎 다섯 장
a knife		six knives 칼 여섯 개

❗ Grammar Tips

흔히 '하나'를 표현할 때는 one 대신 a/an을 많이 사용해요.
I have a pen. 나는 펜이 하나 있다.

Chapter 1 Unit 3 명사의 복수형 25

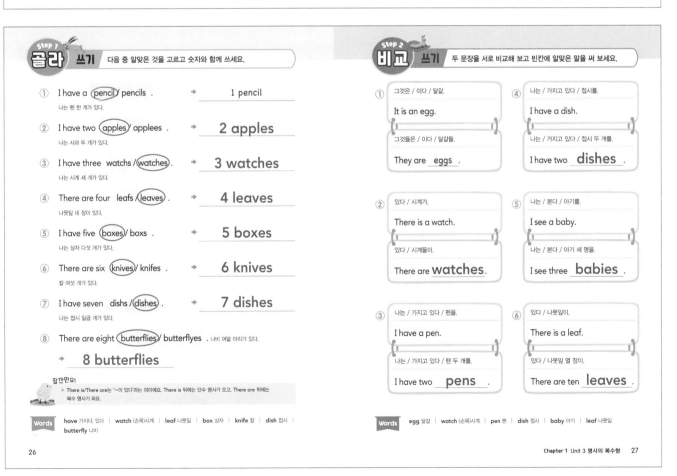

Step 1 골라 쓰기 다음 중 알맞은 것을 고르고 숫자와 함께 쓰세요.

① I have a (pencil)/ pencils . ➡ 1 pencil
나는 펜 한 개가 있다.

② I have two (apples)/ applees . ➡ 2 apples
나는 사과 두 개가 있다.

③ I have three watchs /(watches) . ➡ 3 watches
나는 시계 세 개가 있다.

④ There are four leafs /(leaves) . ➡ 4 leaves
나뭇잎 네 장이 있다.

⑤ I have five (boxes)/ boxs . ➡ 5 boxes
나는 상자 다섯 개가 있다.

⑥ There are six (knives)/ knifes . ➡ 6 knives
칼 여섯 개가 있다.

⑦ I have seven dishs /(dishes) . ➡ 7 dishes
나는 접시 일곱 개가 있다.

⑧ There are eight (butterflies)/ butterflyes . 나비 여덟 마리가 있다.
➡ 8 butterflies

잠깐만요!
▶ There is/There are는 '~이 있다'라는 의미예요. There is 뒤에는 단수 명사가 오고, There are 뒤에는 복수 명사가 와요.

Words have 가지다, 있다 | watch (손목)시계 | leaf 나뭇잎 | box 상자 | knife 칼 | dish 접시 | butterfly 나비

26

Step 2 비교 쓰기 두 문장을 서로 비교해 보고 빈칸에 알맞은 말을 써 보세요.

① 그것은 / 이다 / 달걀.
It is an egg.
그것들은 / 이다 / 달걀들.
They are __eggs__ .

② 있다 / 시계가.
There is a watch.
있다 / 시계들이.
There are **watches** .

③ 나는 / 가지고 있다 / 펜을.
I have a pen.
나는 / 가지고 있다 / 펜 두 개를.
I have two __pens__ .

④ 나는 / 가지고 있다 / 접시를.
I have a dish.
나는 / 가지고 있다 / 접시 두 개를.
I have two **dishes** .

⑤ 나는 / 본다 / 아기를.
I see a baby.
나는 / 본다 / 아기 세 명을.
I see three **babies** .

⑥ 있다 / 나뭇잎이.
There is a leaf.
있다 / 나뭇잎 열 장이.
There are ten **leaves** .

Words egg 달걀 | watch (손목)시계 | pen 펜 | dish 접시 | baby 아기 | leaf 나뭇잎

Chapter 1 Unit 3 명사의 복수형 27

정답과 해설 **55**

Step 3 채워 쓰기 — 빈칸을 채워 문장을 완성하세요.

① I have nine watch **es** . 나는 시계 아홉 개가 있다.

② I have ten dog **s** . 나는 개 열 마리가 있다.

③ I have eleven branch **es** . 나는 나뭇가지 열한 개가 있다.

④ I have twelve book **s** . 나는 책 열두 권이 있다.

⑤ There are thirteen egg **s** . 달걀 열세 개가 있다.

⑥ There are fourteen bab **ies** . 아기 열네 명이 있다.

⑦ I have fifteen pencil **s** . 나는 연필 열다섯 개가 있다.

⑧ There are sixteen lea **ves** . 나뭇잎이 열여섯 장이 있다.

잠깐만요!
▶ 숫자 13(thirteen)부터 19(nineteen)까지는 끝에 -teen이 붙어요.

Words watch (손목)시계 | branch 나뭇가지 | book 책 | egg 달걀 | baby 아기 | pencil 연필 | leaf 나뭇잎

28

Step 4 고쳐 쓰기 — 밑줄 친 부분을 바르게 고쳐 문장을 써 보세요.

① I have two <u>boxs</u>. 나는 상자 두 개가 있다.
→ I have two boxes.

② I have a <u>watches</u>. 나는 시계가 있다.
→ I have a watch.

③ I have two <u>dishs</u>. 나는 접시 두 개가 있다.
→ I have two dishes.

④ I have an <u>applees</u>. 나는 사과가 있다.
→ I have an apple.

⑤ There are three <u>babyes</u>. 아기 세 명이 있다.
→ There are three babies.

⑥ There is a <u>buss</u>. 버스가 있다.
→ There is a bus.

⑦ There are <u>housies</u>. 집들이 있다.
→ There are houses.

⑧ There is a <u>leaves</u>. 나뭇잎이 있다.
→ There is a leaf.

Words box 상자 | watch (손목)시계 | dish 접시 | apple 사과 | baby 아기 | bus 버스 | house 집 | leaf 나뭇잎

Unit 4 셀 수 없는 명사

From 'Adventures of Huckleberry Finn' (허클베리 핀의 모험)

I'm hungry. Give me some bread.
Here you are.
Are you okay? Water or milk?

한 개, 두 개, 세 개, 사과는 셀 수 있어.
저 흘러지는 물은 셀 수가 없어!

❓ Quiz 담는 그릇에 따라 모양이 변하는 것에 동그라미 하세요.
• milk (◯) • apple ( ) • water (◯) • banana ( )

해석 배고파. 빵 좀 줘./여기 있어./괜찮아? 물 줄까, 우유 줄까?

30

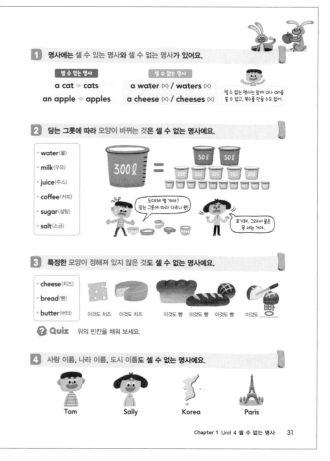

1 명사에는 셀 수 있는 명사와 셀 수 없는 명사가 있어요.

셀 수 있는 명사	셀 수 없는 명사
a cat → cats	a water ✕ / waters ✕
an apple → apples	a cheese ✕ / cheeses ✕

셀 수 없는 명사는 앞에 a나 an을 쓸 수 없고, 복수도 만들 수도 없어요.

2 담는 그릇에 따라 모양이 바뀌는 것은 셀 수 없는 명사예요.

• water (물)
• milk (우유)
• juice (주스)
• coffee (커피)
• sugar (설탕)
• salt (소금)

300ℓ = 50ℓ 50ℓ ...

도대체 몇 개야? 담는 그릇에 따라 다르니 원!
포기해. 그래서 물은 못 세는 거야.

3 특정한 모양이 정해져 있지 않은 것도 셀 수 없는 명사예요.

• cheese (치즈)
• bread (빵)
• butter (버터)

이것도 치즈 이것도 치즈   이것도 빵 이것도 빵 이것도 빵   이것도

❓ Quiz 위의 빈칸을 채워 보세요.

4 사람 이름, 나라 이름, 도시 이름도 셀 수 없는 명사예요.

Tom   Sally   Korea   Paris

골라 쓰기 다음 중 셀 수 없는 명사를 고르세요.

① Give me some flowers /(tea).
나에게 차를 조금 줘.

② I have some (water)/ apples .
나는 물이 조금 있다.

③ She is (Amy)/ a doctor .
그녀는 Amy다.

④ I have some books /(bread).
나는 빵이 조금 있다.

⑤ There is some leaves /(milk).
우유가 조금 있다.

⑥ Give me some shoes /(juice).
나에게 주스를 조금 줘.

⑦ Give me some (coffee)/ sweaters .
나에게 커피를 조금 줘.

⑧ I live in a house /(Paris).
나는 파리에 산다.

잠깐만요!

🐤 ▶ some은 '조금, 약간'이라는 뜻이에요. 하나보다 많은 복수 명사나 셀 수 없는 명사 앞에 쓸 수 있어요.
I have some apples. 나는 사과가 조금 있다.   I have some cheese. 나는 치즈가 조금 있다.

Words flower 꽃 | tea (마시는) 차, 티 | water 물 | shoes 신발 | juice 주스 | coffee 커피 |
sweater 스웨터 | house 집

32

비교 쓰기 두 문장을 서로 비교해 보고 빈칸에 알맞은 말을 써 보세요.

① 줘 / 나에게 / 책을.
Give me a book.

줘 / 나에게 / 조금의 주스를.
Give me some juice .

② 줘 / 나에게 / 조금의 물을.
Give me some water.

줘 / 나에게 / 조금의 빵을.
Give me some **bread**.

③ 줘 / 나에게 / 조금의 꽃을.
Give me some flowers.

줘 / 나에게 / 조금의 치즈를.
Give me **some** cheese.

④ 줘 / 나에게 / 조금의 공책들을.
Give me some notebooks.

줘 / 나에게 / 조금의 우유를.
Give me some **milk** .

⑤ 줘 / 나에게 / 두 개의 펜을.
Give me two pens.

줘 / 나에게 / 조금의 소금을.
Give me **some salt** .

⑥ 줘 / 나에게 / 조금의 차를.
Give me some tea.

줘 / 나에게 / 조금의 설탕을.
Give me **some sugar** .

Words juice 주스 | bread 빵 | cheese 치즈 | notebook 공책 | milk 우유 | salt 소금 |
tea (마시는) 차, 티 | sugar 설탕

Chapter 1 Unit 4 셀 수 없는 명사   33

채워 쓰기 우리말 뜻을 보고 빈칸을 채워 문장을 완성하세요.

① I have some money. 나는 돈을 조금 가지고 있다.

② Give me **some** juice. 나에게 주스를 조금 줘.

③ Give me some **coffee** . 나에게 커피를 조금 줘.

④ There is **some** salt. 소금이 조금 있다.

⑤ Give me some **milk** . 나에게 우유를 조금 줘.

⑥ There is **some** sugar. 설탕이 조금 있다.

⑦ Give me **some** butter. 나에게 버터를 조금 줘.

⑧ Give me **some cheese** . 나에게 치즈를 조금 줘.

Words money 돈 | coffee 커피 | salt 소금 | milk 우유 | sugar 설탕 | butter 버터 |
cheese 치즈

34

고쳐 쓰기 밑줄 친 부분을 바르게 고쳐 문장을 써 보세요.

① Give me <u>a cheese</u>. 나에게 치즈를 조금 줘.
→ Give me some cheese.

② He is <u>an Andy</u>. 그는 Andy다.
→ He is Andy.

③ Give me some <u>toy</u>. 나에게 장난감을 조금 줘.
→ Give me some toys.

④ There is <u>a tea</u>. 차가 조금 있다.
→ There is some tea.

⑤ I live in <u>a Korea</u>. 나는 한국에 산다.
→ I live in Korea.

⑥ I have some <u>salts</u>. 나는 소금이 조금 있다.
→ I have some salt.

⑦ Give me <u>a bread</u>. 나에게 빵을 조금 줘.
→ Give me some bread.

⑧ There is some <u>sugars</u>. 설탕이 조금 있다.
→ There is some sugar.

Words give 주다 | cheese 치즈 | toy 장난감 | tea (마시는) 차, 티 | salt 소금 | bread 빵 |
sugar 설탕

Chapter 1 Unit 4 셀 수 없는 명사   35

BASIC 1   정답과 해설

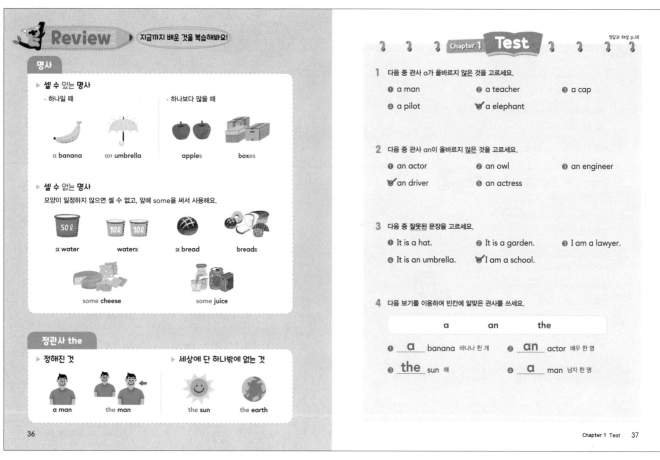

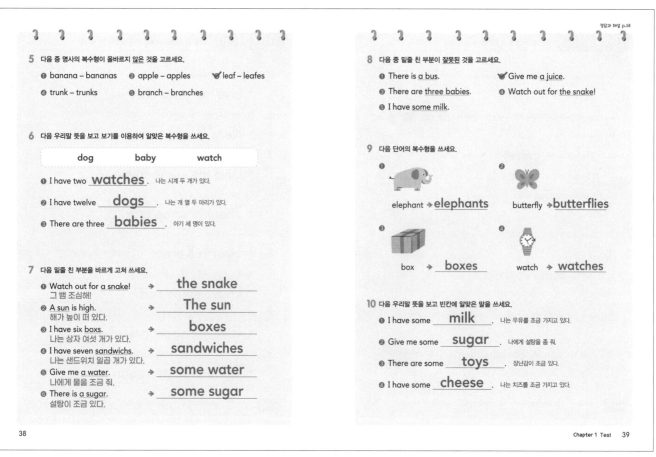

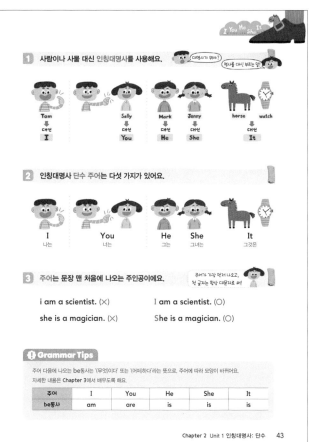

Unit 1 인칭대명사: 단수

From 'Gulliver's Travels' (걸리버 여행기)

I am a scientist.
She is a magician.

You are a giant.

What is it?

It is a horse.

내가 주인공인 거 알지?

얼앗에 너무 티 나지 마!

문장

Quiz 위 그림을 보고 사람을 가리킬 때 쓰는 말에 동그라미 하세요.

• I (O) • You (O) • She (O) • It ( )

해석 나는 과학자예요. 그녀는 마법사입니다. / 당신은 거인이군요. / 그것은 뭔가요? / 말이에요.

42

1 사람이나 사물 대신 인칭대명사를 사용해요.

Tom 대신 **I** Sally 대신 **You** Mark 대신 **He** Jenny 대신 **She** horse watch 대신 **It**

2 인칭대명사 단수 주어는 다섯 가지가 있어요.

I 나는 **You** 너는 **He** 그는 **She** 그녀는 **It** 그것은

3 주어는 문장 맨 처음에 나오는 주인공이에요.

i am a scientist. (X)   I am a scientist. (O)
she is a magician. (X)   She is a magician. (O)

Grammar Tips

주어 다음에 나오는 be동사는 '(무엇)이다' 또는 '(어떠)하다'라는 뜻으로, 주어에 따라 모양이 바뀌어요.
자세한 내용은 Chapter 3에서 배우도록 해요.

주어	I	You	He	She	It
be동사	am	are	is	is	is

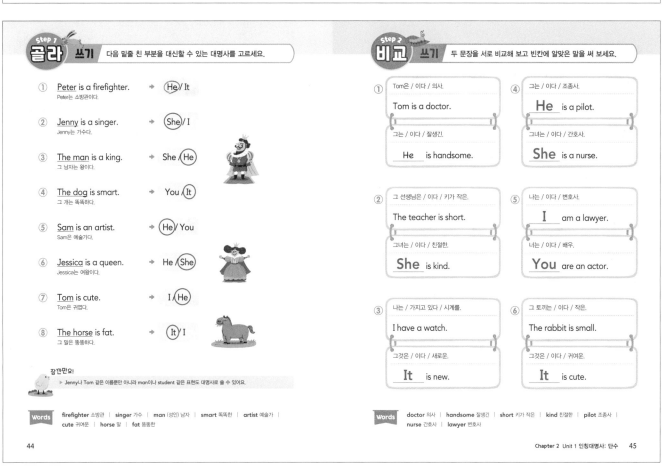

Step 1 골라 쓰기 다음 밑줄 친 부분을 대신할 수 있는 대명사를 고르세요.

① <u>Peter</u> is a firefighter. → (He)/ It
  Peter는 소방관이다.

② <u>Jenny</u> is a singer. → (She)/ I
  Jenny는 가수다.

③ <u>The man</u> is a king. → She /(He)
  그 남자는 왕이다.

④ <u>The dog</u> is smart. → You /(It)
  그 개는 똑똑하다.

⑤ <u>Sam</u> is an artist. → (He)/ You
  Sam은 예술가다.

⑥ <u>Jessica</u> is a queen. → He /(She)
  Jessica는 여왕이다.

⑦ <u>Tom</u> is cute. → I /(He)
  Tom은 귀엽다.

⑧ <u>The horse</u> is fat. → (It)/ I
  그 말은 뚱뚱하다.

잠깐만요!
▶ Jenny나 Tom 같은 이름뿐만 아니라 man이나 student 같은 표현도 대명사로 쓸 수 있어요.

Words firefighter 소방관 | singer 가수 | man (성인) 남자 | smart 똑똑한 | artist 예술가 |
cute 귀여운 | horse 말 | fat 뚱뚱한

44

Step 2 비교 쓰기 두 문장을 서로 비교해 보고 빈칸에 알맞은 말을 써 보세요.

① Tom은 / 이다 / 의사.
  Tom is a doctor.
  그는 / 이다 / 잘생긴.
  He is handsome.

② 그 선생님은 / 이다 / 키가 작은.
  The teacher is short.
  그녀는 / 이다 / 친절한.
  She is kind.

③ 나는 / 가지고 있다 / 시계를.
  I have a watch.
  그것은 / 이다 / 새로운.
  It is new.

④ 그는 / 이다 / 조종사.
  He is a pilot.
  그녀는 / 이다 / 간호사.
  She is a nurse.

⑤ 나는 / 이다 / 변호사.
  I am a lawyer.
  너는 / 이다 / 배우.
  You are an actor.

⑥ 그 토끼는 / 이다 / 작은.
  The rabbit is small.
  그것은 / 이다 / 귀여운.
  It is cute.

Words doctor 의사 | handsome 잘생긴 | short 키가 작은 | kind 친절한 | pilot 조종사 |
nurse 간호사 | lawyer 변호사

정답과 해설 **59**

BASIC 1 정답과 해설

Step 3 채워 쓰기 — 빈칸에 알맞은 대명사를 쓰세요.

① **I** am a queen. 나는 여왕이다.

② **He** is a knight. 그는 기사다.

③ **She** is Mary. 그녀는 Mary다.

④ **It** is a caterpillar. 그것은 애벌레다.

⑤ Tom is tall. **He** is also smart. Tom은 키가 크다. 그는 또한 똑똑하다.

⑥ **You** are beautiful. 너는 아름답다.

⑦ Jenny is bright. **She** is also pretty. Jenny는 머리가 좋다. 그녀는 또한 예쁘다.

⑧ There is an apple. **It** is yummy. 사과가 있다. 그것은 맛있다.

Words   knight 기사 | caterpillar 애벌레 | tall 키가 큰 | also 또한, 게다가 | smart 똑똑한 |
beautiful 아름다운 | bright 머리가 좋은, 똑똑한 | pretty 예쁜 | yummy 맛있는

46

Step 4 고쳐 쓰기 — 우리말 뜻을 보고 밑줄 친 부분을 바르게 고쳐 문장을 써 보세요.

① <u>i</u> am a scientist. 나는 과학자다.
→ **I am a scientist.**

② <u>He</u> are beautiful. 너는 아름답다.
→ **You are beautiful.**

③ <u>she</u> is a magician. 그녀는 마법사다.
→ **She is a magician.**

④ There is a man. <u>She</u> is tall. 남자가 있다. 그는 키가 크다.
→ **There is a man. He is tall.**

⑤ <u>She</u> is a library. 그것은 도서관이다.
→ **It is a library.**

⑥ <u>I</u> is a park. 그것은 공원이다.
→ **It is a park.**

⑦ <u>he</u> is happy. 그는 행복하다.
→ **He is happy.**

⑧ <u>He</u> is a queen. 그녀는 여왕이다.
→ **She is a queen.**

Words   scientist 과학자 | magician 마법사 | library 도서관 | park 공원 | happy 행복한 |
queen 여왕

Unit 2 인칭대명사: 복수

From 'Ali Baba and the Forty Thieves'
(알리바바와 40인의 도둑)

They are thieves.

Open sesame!

You are late!

We are sorry.

너랑 나랑은 우리(We)네.

저기 아이들은 그들(They)이지.

너희들(You) 우리 얘기했지?

❓ Quiz 위 그림을 보고 사람을 여러 명 가리킬 때 쓰는 인칭대명사를 써 보세요.
• (**They**) are   • (**You**) are   • (**We**) are

해석 그들은 도둑이야. / 열려라 참깨! (보물이 숨겨져 있는 동굴을 여는 주문) / 너희들 늦었어! / (우리가) 미안해.

48

1 사람이나 사물 대신 인칭대명사를 사용해요.

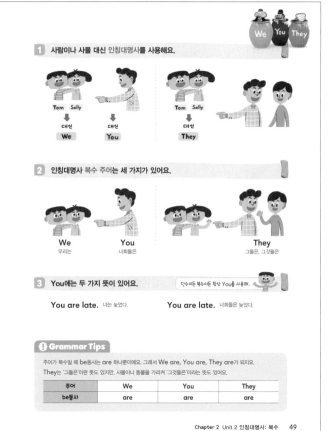

We You They

Tom Sally → 대신 We   대신 You   Tom Sally → 대신 They

2 인칭대명사 복수 주어는 세 가지가 있어요.

We 우리는   **You** 너희들은   **They** 그들은, 그것들은

3 You에는 두 가지 뜻이 있어요.

단수이든 복수이든 항상 You를 사용해.

You are late. 너는 늦었다.   You are late. 너희들은 늦었다.

🌟 Grammar Tips

주어가 복수일 때 be동사는 are 하나뿐이에요. 그래서 We are, You are, They are가 되지요.
They는 '그들은'이란 뜻도 있지만, 사물이나 동물을 가리켜 '그것들은'이라는 뜻도 있어요.

주어	We	You	They
be동사	are	are	are

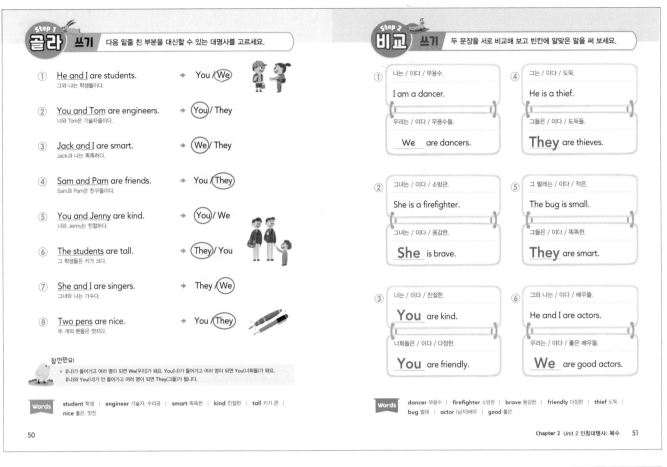

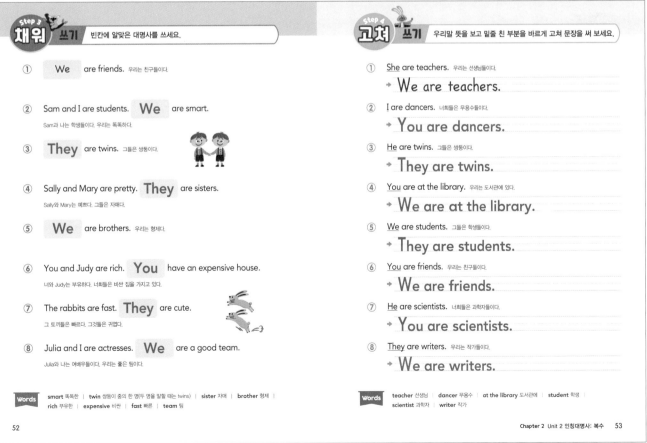

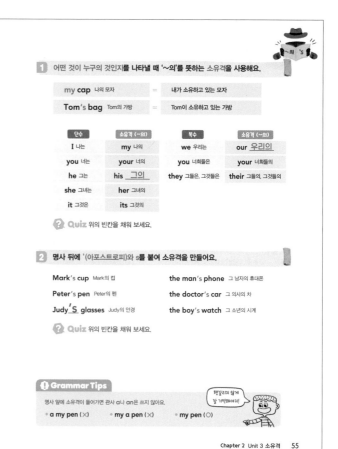

Unit 3 소유격

From 'The Invisible Man' (투명 인간)

1 어떤 것이 누구의 것인지를 나타낼 때 '~의'를 뜻하는 소유격을 사용해요.

| my cap 나의 모자 | = | 내가 소유하고 있는 모자 |
| Tom's bag Tom의 가방 | = | Tom이 소유하고 있는 가방 |

단수	소유격 (~의)	복수	소유격 (~의)
I 나는	my 나의	we 우리는	our 우리의
you 너는	your 너의	you 너희들은	your 너희들의
he 그는	his 그의	they 그들은, 그것들은	their 그들의, 그것들의
she 그녀는	her 그녀의		
it 그것은	its 그것의		

? Quiz 위의 빈칸을 채워 보세요.

2 명사 뒤에 '(아포스트로피)와 s를 붙여 소유격을 만들어요.

Mark's cup Mark의 컵   the man's phone 그 남자의 휴대폰

Peter's pen Peter의 펜   the doctor's car 그 의사의 차

Judy's glasses Judy의 안경   the boy's watch 그 소년의 시계

? Quiz 위의 빈칸을 채워 보세요.

Grammar Tips

명사 앞에 소유격이 들어가면 관사 a나 an은 쓰지 않아요.

• a my pen (✕)   • my a pen (✕)   • my pen (○)

헷갈리지 않게 잘 기억해둬야지!

? Quiz 위 그림에서 투명 인간의 보이지 않는 부분을 모두 찾아 동그라미 하세요.

해석 당신의 머리는 어디에 있어요? / 내 머리는 여기 있어요. / 그 남자의 발은 어디에 있어? / 모르겠어.

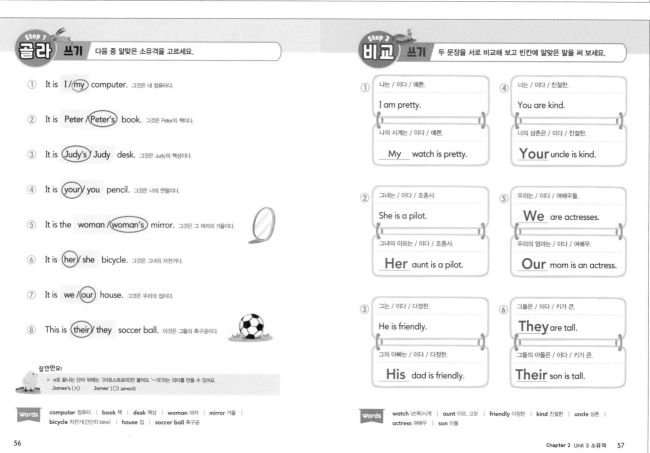

Step 1 골라 쓰기 — 다음 중 알맞은 소유격을 고르세요.

① It is I /(my) computer. 그것은 내 컴퓨터다.

② It is Peter /(Peter's) book. 그것은 Peter의 책이다.

③ It is (Judy's)/ Judy desk. 그것은 Judy의 책상이다.

④ It is (your)/ you pencil. 그것은 너의 연필이다.

⑤ It is the woman /(woman's) mirror. 그것은 그 여자의 거울이다.

⑥ It is (her)/ she bicycle. 그것은 그녀의 자전거다.

⑦ It is we /(our) house. 그것은 우리의 집이다.

⑧ This is (their)/ they soccer ball. 이것은 그들의 축구공이다.

잠깐만요!
▶ -s로 끝나는 단어 뒤에는 '(아포스트로피)만 붙여도 '~의'라는 의미를 만들 수 있어요.
James's (✕)   James' (○) James의

Words   computer 컴퓨터 | book 책 | desk 책상 | woman 여자 | mirror 거울 |
bicycle 자전거(간단히 bike) | house 집 | soccer ball 축구공

Step 2 비교 쓰기 — 두 문장을 서로 비교해 보고 빈칸에 알맞은 말을 써 보세요.

① 나는 / 이다 / 예쁜.
I am pretty.
나의 시계는 / 이다 / 예쁜.
My watch is pretty.

② 그녀는 / 이다 / 조종사.
She is a pilot.
그녀의 이모는 / 이다 / 조종사.
Her aunt is a pilot.

③ 그는 / 이다 / 다정한.
He is friendly.
그의 아빠는 / 이다 / 다정한.
His dad is friendly.

④ 너는 / 이다 / 친절한.
You are kind.
너의 삼촌은 / 이다 / 친절한.
Your uncle is kind.

⑤ 우리는 / 이다 / 여배우들.
We are actresses.
우리의 엄마는 / 이다 / 여배우.
Our mom is an actress.

⑥ 그들은 / 이다 / 키가 큰.
They are tall.
그들의 아들은 / 이다 / 키가 큰.
Their son is tall.

Words   watch (손목)시계 | aunt 이모, 고모 | friendly 다정한 | kind 친절한 | uncle 삼촌 |
actress 여배우 | son 아들

Step 3 채워 쓰기 — 빈칸에 알맞은 소유격을 쓰세요.

① **My** dad is tall. 나의 아빠는 키가 크시다.

② **Her** hair is short. 그녀의 머리는 짧다.

③ This is Sally **'s** house. 이것은 Sally의 집이다.

④ This is **his** hat. 이것은 그의 모자다.

⑤ Where is Jenny **'s** storybook? Jenny의 이야기책은 어디에 있니?

⑥ Betty is **our** friend. Betty는 우리들의 친구다.

⑦ It is **your** book. 그것은 너의 책이다.

⑧ A: Where is **my** bike? 나의 자전거는 어디에 있니?
B: I don't know. 모르겠어.

Words hair 머리카락 | house 집 | hat 모자 | storybook 이야기책 | friend 친구 | bike 자전거

58

Step 4 고쳐 쓰기 — 밑줄 친 부분을 바르게 고쳐 문장을 써 보세요.

① <u>Sarah</u> father is a cook. Sarah의 아버지는 요리사이시다.
→ **Sarah's father is a cook.**

② This is <u>Jenny</u> painting. 이것은 Jenny의 그림이다.
→ **This is Jenny's painting.**

③ <u>I</u> gloves are new. 나의 장갑은 새것이다.
→ **My gloves are new.**

④ This is <u>he</u> pencil case. 이것은 그의 필통이다.
→ **This is his pencil case.**

⑤ <u>They</u> feet are small. 그들의 발은 작다.
→ **Their feet are small.**

⑥ <u>It</u> head is big. 그것의 머리는 크다.
→ **Its head is big.**

⑦ Where is <u>she</u> mother? 그녀의 어머니는 어디에 계시니?
→ **Where is her mother?**

⑧ Where is <u>Marys</u> bag? Mary의 가방은 어디에 있니?
→ **Where is Mary's bag?**

Words painting 그림 | gloves 장갑 | pencil case 필통 | feet 발(foot의 복수형, 사람의 팔과 발은 두 개니까 보통 복수 형태로 써요.) | small 작은 | head 머리 | mother 어머니

Chapter 2 Unit 3 소유격 **59**

Unit 4 지시대명사 this, that
From 'The Wizard of Oz' (오즈의 마법사)

1 가까이 있는 것을 가리킬 때 this, 멀리 있는 것을 가리킬 때 that을 써요.

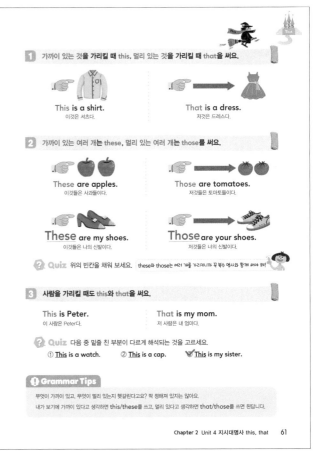

This is a shirt. 이것은 셔츠다.

That is a dress. 저것은 드레스다.

2 가까이 있는 여러 개는 these, 멀리 있는 여러 개는 those를 써요.

These are apples. 이것들은 사과들이다.

Those are tomatoes. 저것들은 토마토들이다.

These are my shoes. 이것들은 나의 신발이다.

Those are your shoes. 저것들은 너의 신발이다.

❓ **Quiz** 위의 빈칸을 채워 보세요. these와 those는 여러 개를 가리키니까 꼭 복수 명사와 함께 써야 돼요!

3 사람을 가리킬 때도 this와 that을 써요.

This is Peter. 이 사람은 Peter다.

That is my mom. 저 사람은 내 엄마다.

❓ **Quiz** 다음 중 밑줄 친 부분이 다르게 해석되는 것을 고르세요.
① <u>This</u> is a watch. ② <u>This</u> is a cap. ✓ <u>This</u> is my sister.

❗ **Grammar Tips**
무엇이 가까이 있고, 무엇이 멀리 있는지 헷갈린다고요? 딱 정해져 있지는 않아요.
내가 보기에 가까이 있다고 생각하면 this/these를 쓰고, 멀리 있다고 생각하면 that/those를 쓰면 된답니다.

해석 얘는 허수아비야. / 이것들은 마녀의 신발이잖아! / 아냐 이것들은 이제 내 신발이야.

60

Chapter 2 Unit 4 지시대명사 this, that **61**

정답과 해설 **63**

BASIC 1 정답과 해설

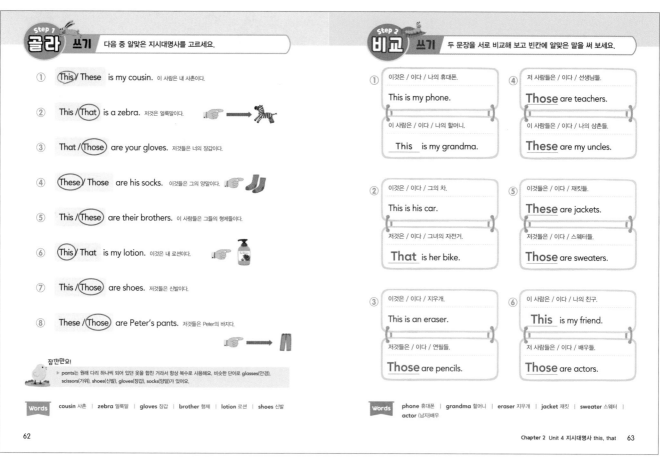

Step 1 골라 쓰기 다음 중 알맞은 지시대명사를 고르세요.

① **This** / These is my cousin. 이 사람은 내 사촌이다.

② This / **That** is a zebra. 저것은 얼룩말이다.

③ That / **Those** are your gloves. 저것들은 너의 장갑이다.

④ **These** / Those are his socks. 이것들은 그의 양말이다.

⑤ **This** / These are their brothers. 이 사람들은 그들의 형제이다.

⑥ **This** / That is my lotion. 이것은 내 로션이다.

⑦ This / **Those** are shoes. 저것들은 신발이다.

⑧ These / **Those** are Peter's pants. 저것들은 Peter의 바지다.

잠깐만요!
▶ pants는 원래 다리 하나씩 되어 있던 옷을 합친 거라서 항상 복수로 사용해요. 비슷한 단어로 glasses(안경), scissors(가위), shoes(신발), gloves(장갑), socks(양말)이 있어요.

Words cousin 사촌 | zebra 얼룩말 | gloves 장갑 | brother 형제 | lotion 로션 | shoes 신발

Step 2 비교 쓰기 두 문장을 서로 비교해 보고 빈칸에 알맞은 말을 써 보세요.

① 이것은 / 이다 / 나의 휴대폰.
This is my phone.
이 사람은 / 이다 / 나의 할머니.
This is my grandma.

④ 저 사람들은 / 이다 / 선생님들.
Those are teachers.
이 사람들은 / 이다 / 나의 삼촌들.
These are my uncles.

② 이것은 / 이다 / 그의 차.
This is his car.
저것은 / 이다 / 그녀의 자전거.
That is her bike.

⑤ 이것들은 / 이다 / 재킷들.
These are jackets.
저것들은 / 이다 / 스웨터들.
Those are sweaters.

③ 이것은 / 이다 / 지우개.
This is an eraser.
저것들은 / 이다 / 연필들.
Those are pencils.

⑥ 이 사람은 / 이다 / 나의 친구.
This is my friend.
저 사람들은 / 이다 / 배우들.
Those are actors.

Words phone 휴대폰 | grandma 할머니 | eraser 지우개 | jacket 재킷 | sweater 스웨터 | actor (남자)배우

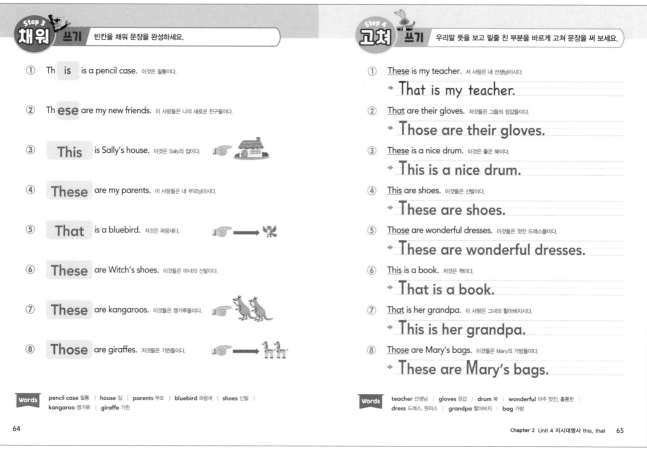

Step 3 채워 쓰기 빈칸을 채워 문장을 완성하세요.

① Th **is** is a pencil case. 이것은 필통이다.

② Th **ese** are my new friends. 이 사람들은 나의 새로운 친구들이다.

③ **This** is Sally's house. 이것은 Sally의 집이다.

④ **These** are my parents. 이 사람들은 내 부모님이시다.

⑤ **That** is a bluebird. 저것은 파랑새다.

⑥ **These** are Witch's shoes. 이것들은 마녀의 신발이다.

⑦ **These** are kangaroos. 이것들은 캥거루들이다.

⑧ **Those** are giraffes. 저것들은 기린들이다.

Words pencil case 필통 | house 집 | parents 부모 | bluebird 파랑새 | shoes 신발 | kangaroo 캥거루 | giraffe 기린

Step 4 고쳐 쓰기 우리말 뜻을 보고 밑줄 친 부분을 바르게 고쳐 문장을 써 보세요.

① <u>These</u> is my teacher. 저 사람은 내 선생님이시다.
→ **That is my teacher.**

② <u>That</u> are their gloves. 저것들은 그들의 장갑들이다.
→ **Those are their gloves.**

③ <u>These</u> is a nice drum. 이것은 좋은 북이다.
→ **This is a nice drum.**

④ <u>This</u> are shoes. 이것들은 신발이다.
→ **These are shoes.**

⑤ <u>Those</u> are wonderful dresses. 이것들은 멋진 드레스들이다.
→ **These are wonderful dresses.**

⑥ <u>This</u> is a book. 저것은 책이다.
→ **That is a book.**

⑦ <u>That</u> is her grandpa. 이 사람은 그녀의 할아버지시다.
→ **This is her grandpa.**

⑧ <u>Those</u> are Mary's bags. 이것들은 Mary의 가방들이다.
→ **These are Mary's bags.**

Words teacher 선생님 | gloves 장갑 | drum 북 | wonderful 아주 멋진, 훌륭한 | dress 드레스, 원피스 | grandpa 할아버지 | bag 가방

Review 지금까지 배운 것을 복습해봐요!

인칭대명사와 소유격

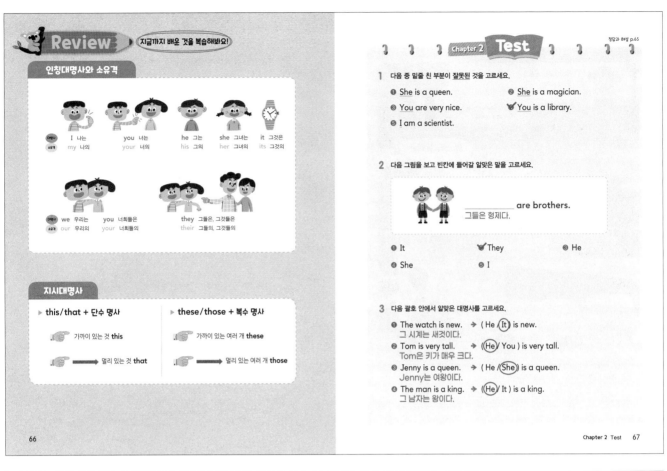

| (인칭대명사) | I 나는 | you 너는 | he 그는 | she 그녀는 | it 그것은 |
| (소유격) | my 나의 | your 너의 | his 그의 | her 그녀의 | its 그것의 |

| (인칭대명사) | we 우리는 | you 너희들은 | they 그들은, 그것들은 |
| (소유격) | our 우리의 | your 너희들의 | their 그들의, 그것들의 |

지시대명사

▶ this/that + 단수 명사

🖐 가까이 있는 것 this

🖐→ 멀리 있는 것 that

▶ these/those + 복수 명사

🖐 가까이 있는 여러 개 these

🖐→ 멀리 있는 여러 개 those

66

Chapter 2 **Test**

1 다음 중 밑줄 친 부분이 잘못된 것을 고르세요.

❶ <u>She</u> is a queen.　❷ <u>She</u> is a magician.

❸ <u>You</u> are very nice.　✔ <u>You</u> is a library.

❺ <u>I</u> am a scientist.

2 다음 그림을 보고 빈칸에 들어갈 알맞은 말을 고르세요.

_____ are brothers.
그들은 형제다.

❶ It　　✔ They　　❸ He

❹ She　　❺ I

3 다음 괄호 안에서 알맞은 대명사를 고르세요.

❶ The watch is new. ➔ (He /(It)) is new.
그 시계는 새것이다.

❷ Tom is very tall. ➔ ((He)/ You) is very tall.
Tom은 키가 매우 크다.

❸ Jenny is a queen. ➔ (He /(She)) is a queen.
Jenny는 여왕이다.

❹ The man is a king. ➔ ((He)/ It) is a king.
그 남자는 왕이다.

Chapter 2 Test　67

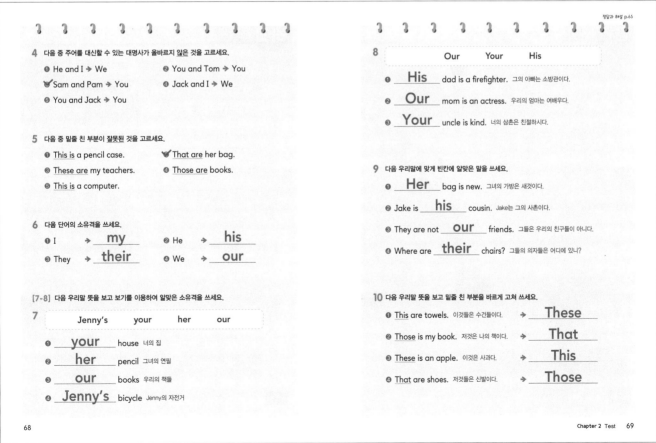

4 다음 중 주어를 대신할 수 있는 대명사가 올바르지 않은 것을 고르세요.

❶ He and I ➔ We　　❷ You and Tom ➔ You

✔ Sam and Pam ➔ You　　❹ Jack and I ➔ We

❺ You and Jack ➔ You

5 다음 중 밑줄 친 부분이 잘못된 것을 고르세요.

❶ <u>This is</u> a pencil case.　✔ <u>That are</u> her bag.

❸ <u>These are</u> my teachers.　❹ <u>Those are</u> books.

❺ <u>This is</u> a computer.

6 다음 단어의 소유격을 쓰세요.

❶ I ➔ __my__　　❷ He ➔ __his__

❸ They ➔ __their__　　❹ We ➔ __our__

[7-8] 다음 우리말 뜻을 보고 보기를 이용하여 알맞은 소유격을 쓰세요.

7　　Jenny's　your　her　our

❶ __your__ house 너의 집

❷ __her__ pencil 그녀의 연필

❸ __our__ books 우리의 책들

❹ __Jenny's__ bicycle Jenny의 자전거

68

8　　Our　　Your　　His

❶ __His__ dad is a firefighter. 그의 아빠는 소방관이다.

❷ __Our__ mom is an actress. 우리의 엄마는 여배우다.

❸ __Your__ uncle is kind. 너의 삼촌은 친절하시다.

9 다음 우리말에 맞게 빈칸에 알맞은 말을 쓰세요.

❶ __Her__ bag is new. 그녀의 가방은 새것이다.

❷ Jake is __his__ cousin. Jake는 그의 사촌이다.

❸ They are not __our__ friends. 그들은 우리의 친구들이 아니다.

❹ Where are __their__ chairs? 그들의 의자들은 어디에 있니?

10 다음 우리말 뜻을 보고 밑줄 친 부분을 바르게 고쳐 쓰세요.

❶ <u>This</u> are towels. 이것들은 수건들이다. ➔ __These__

❷ <u>Those</u> is my book. 저것은 나의 책이다. ➔ __That__

❸ <u>These</u> is an apple. 이것은 사과다. ➔ __This__

❹ <u>That</u> are shoes. 저것들은 신발이다. ➔ __Those__

Chapter 2 Test　69

Unit 1 인칭대명사와 be동사

From 'Animal Form' (동물 농장)

Mr. Jones is bad.
He is poor.

I am your leader now.
You are equal.

We are equal!

Oink Oink

Baa Moo

어, 이상하다. 우리도 비(bee)인데.

맙소사! 발음이 비슷하다고 다 똑같니?

난 너희랑 달라, 위휘.

? Quiz 위 그림을 보고 각 동물의 소리를 써 보세요.

• pig(돼지) (Oink Oink)   • goat(염소) (Baa)

해설 Jones 씨는 나빠. 그는 형편없어. / 내가 이제 너희 지도자다. 너희들은 평등하다. / 우리는 평등하다!
oink oink(돼지 울음 소리) 꿀꿀 / moo(소 울음 소리) 음매 / baa(염소 울음 소리) 매애

72

---

1 주어가 단수일 때 be동사는 am, are, is로 바뀌어요.

주어	+	be동사
I		am
You		are
He / She / It		is

be동사는 주어에 따라 모양이 바뀌는구나.

? Quiz Mr. Jones처럼 사람이 주어일 때 be동사는 어떻게 바뀔까요?

Mr. Jones __is__ bad.

2 주어가 복수일 때 be동사는 are로 바뀌어요.

주어	+	be동사
We		are
You		are
They		are

? Quiz 위의 빈칸을 채워 보세요.

3 주어와 함께 쓸 때 be동사는 줄일 수 있어요.

I am = I'm	We are = We're
You are = You're	You are = You're
He is / She is / It is = He's / She's / It's	They are = They're

Grammar Tips

• be동사 뒤에 명사가 오면 '(무엇)이다'라고 해석해요.
  I am a student. 나는 학생이다.

• be동사 다음에 명사가 아닌 다른 것이 오면 '(어떠)하다'라고 해석해요.
  She is kind. 그녀는 친절하다.   **I am hungry.** 나는 배고프다.

be동사 다음에 오는 말에 따라 다르게 해석하네!

Step 1 골라 쓰기 다음 중 알맞은 것을 고르세요.

① It (is)/ are a tomato. 그것은 토마토다.

② She (is)/ are happy. 그녀는 행복하다.

③ We (are)/ is a family. 우리는 가족이다.

④ They (are)/ is dancers. 그들은 무용수들이다.

⑤ He (is)/ am a soccer player. 그는 축구 선수이다.

⑥ You am /(are) doctors. 너희들은 의사들이다.

⑦ I is /(am) tired. 나는 피곤하다.

⑧ Tom am /(is) a student. Tom은 학생이다.

잠깐만요!

▶ You are는 뒤에 오는 명사가 단수인지 복수인지에 따라 그 의미가 달라진다는 것 알고 있죠?
단수: You are my friend. 너는 내 친구다.   복수: You are my friends. 너희들은 내 친구들이다.

Words tomato 토마토 | family 가족 | dancer 무용수 | soccer player 축구 선수 |
tired 피곤한

74

Step 2 비교 쓰기 두 문장을 서로 비교해 보고 빈칸에 알맞은 말을 써 보세요.

① 나는 / 이다 / 피아니스트.
I am a pianist.
너는 / 이다 / 바이올리니스트.
You __are__ a violinist.

② 우리는 / 이다 / 그의 사촌들.
We are his cousins.
우리는 / 이다 / 그녀의 반 친구들.
We __are__ her classmates.

③ 그녀는 / 이다 / 예술가.
She is an artist.
그는 / 이다 / 화가.
He __'s__ a painter.

④ 그것은 / 이다 / 사탕.
It __is__ a candy.
그것은 / 이다 / 나의 고양이.
It __is__ my cat.

⑤ 그것들은 / 이다 / 그의 책들.
They are his books.
그들은 / 이다 / 나의 선생님들.
They __are__ my teachers.

⑥ 그는 / 이다 / Judy의 오빠.
He __is__ Judy's brother.
그는 / 이다 / 소방관.
He __is__ a firefighter.

Words pianist 피아니스트 | violinist 바이올리니스트 | classmate 반 친구 | artist 예술가 |
painter 화가 | candy 사탕 | firefighter 소방관

Step 3 채워 쓰기 — 빈칸에 알맞은 be동사를 쓰세요.

① Jenny **is** my cousin. Jenny는 나의 사촌이다.

② Peter's brother **is** a basketball player. Peter의 형은 농구 선수이다.

③ It **is** my dog. 그것은 나의 개다.

④ They **are** good swimmers. 그들은 좋은 수영 선수들이다.

⑤ Mary **is** a nurse. Mary는 간호사다.

⑥ You and I **are** good friends. 너와 나는 좋은 친구들이다.

⑦ The koalas **are** lazy. They have big eyes.
그 코알라들은 게으르다. 그들은 눈이 크다.

⑧ My grandpa **is** old. He **is** a doctor.
나의 할아버지는 나이가 많으시다. 그는 의사다.

Words cousin 사촌 | basketball player 농구 선수 | swimmer 수영 선수 | koala 코알라 |
lazy 게으른 | old 늙은, 나이가 많은

76

Step 4 고쳐 쓰기 — 밑줄 친 부분을 바르게 고쳐 문장을 써 보세요.

① They's cars. 그것들은 자동차들이다.
→ They're cars.

② I is a math teacher. 나는 수학 선생님이다.
→ I am a math teacher.

③ My teachers is poets. 나의 선생님들은 시인들이다.
→ My teachers are poets.

④ It are an elephant. 그것은 코끼리다.
→ It is an elephant.

⑤ They is bikes. 그것들은 자전거들이다.
→ They are bikes.

⑥ He're a great lawyer. 그는 훌륭한 변호사다.
→ He's a great lawyer.

⑦ We'are classmates. 우리는 반 친구들이다.
→ We're classmates.

⑧ The books is old. 그 책들은 낡았다.
→ The books are old.

Words math teacher 수학 선생님 | poet 시인 | great 훌륭한, 대단한 | lawyer 변호사 |
classmate 반 친구 | old 낡은, 오래된

Unit 2 be동사의 부정문

From 'Greek Mythology Centaur' (그리스 신화 켄타우로스)

Quiz 켄타우로스가 어떻게 생겼는지 고르세요.
• 상체 – (□ horse / ☑ human) • 하체 – (☑ horse / □ human)

해석 안 돼! 당신은 인간이 아니에요. / 당신 재미있게 생겼네요. 당신은 누구인가요? /
나는 인간이 아니에요. 나는 또한 말도 아니지요. 나는 나예요. / 그는 인간이 아니에요.

78

1 be동사 뒤에 not을 붙이면 '~이 아니다'라는 뜻의 부정문이 돼요.

| 주어 | be동사 | not |

I am a doctor. → I am not a doctor. 나는 의사가 아니다.

He is happy. → He is not happy. 그는 행복하지 않다.

We are singers. → We are not singers. 우리는 가수들이 아니다.

You are students. → You are **not** students. 너희들은 학생들이 아니다.

They are kind. → They **are** **not** kind. 그들은 친절하지 않다.

Quiz 위의 빈칸을 채워 보세요.

2 〈주어+be동사+not〉은 줄일 수 있어요.

I am not = I'm not	We are not = We aren't
You are not= You aren't	You are not = You **aren't**
He / She / It is not = He / She / It isn't	They are not = They **aren't**

Quiz 위의 빈칸을 채워 보세요.

Grammar Tips
원어민 중에는 am not, are not, is not을 줄여서 ain't라고 말하는 사람도 있어요.
그러나 이것은 올바르지 않으며 문법상 틀린 표현이에요!
그러니 문법적으로 올바른 I'm not, aren't, isn't를 사용해야겠지요?

am not은 줄일 수 없어! 대신 I와 am을 줄이지.

BASIC 1 정답과 해설

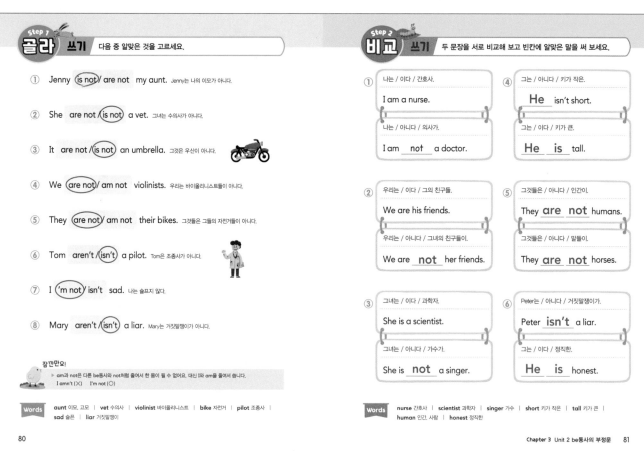

Step 1 골라 쓰기 — 다음 중 알맞은 것을 고르세요.

① Jenny (is not) / are not my aunt. Jenny는 나의 이모가 아니다.

② She are not / (is not) a vet. 그녀는 수의사가 아니다.

③ It are not / (is not) an umbrella. 그것은 우산이 아니다.

④ We (are not) / am not violinists. 우리는 바이올리니스트들이 아니다.

⑤ They (are not) / am not their bikes. 그것들은 그들의 자전거들이 아니다.

⑥ Tom aren't / (isn't) a pilot. Tom은 조종사가 아니다.

⑦ I ('m not) / isn't sad. 나는 슬프지 않다.

⑧ Mary aren't / (isn't) a liar. Mary는 거짓말쟁이가 아니다.

잠깐만요!
▸ am과 not은 다른 be동사와 not처럼 줄여서 한 몸이 될 수 없어요. 대신 I와 am을 줄여 씁니다.
I amn't (X) I'm not (○)

Words aunt 이모, 고모 | vet 수의사 | violinist 바이올리니스트 | bike 자전거 | pilot 조종사 | sad 슬픈 | liar 거짓말쟁이

Step 2 비교 쓰기 — 두 문장을 서로 비교해 보고 빈칸에 알맞은 말을 써 보세요.

① 나는 / 이다 / 간호사.
I am a nurse.
나는 / 아니다 / 의사가.
I am __not__ a doctor.

④ 그는 / 아니다 / 키가 작은.
__He__ isn't short.
그는 / 이다 / 키가 큰.
__He__ __is__ tall.

② 우리는 / 이다 / 그의 친구들.
We are his friends.
우리는 / 아니다 / 그녀의 친구들이.
We are __not__ her friends.

⑤ 그것들은 / 아니다 / 인간이.
They __are__ __not__ humans.
그것들은 / 아니다 / 말들이.
They __are__ __not__ horses.

③ 그녀는 / 이다 / 과학자.
She is a scientist.
그녀는 / 아니다 / 가수가.
She is __not__ a singer.

⑥ Peter는 / 아니다 / 거짓말쟁이가.
Peter __isn't__ a liar.
그는 / 이다 / 정직한.
__He__ __is__ honest.

Words nurse 간호사 | scientist 과학자 | singer 가수 | short 키가 작은 | tall 키가 큰 | human 인간, 사람 | honest 정직한

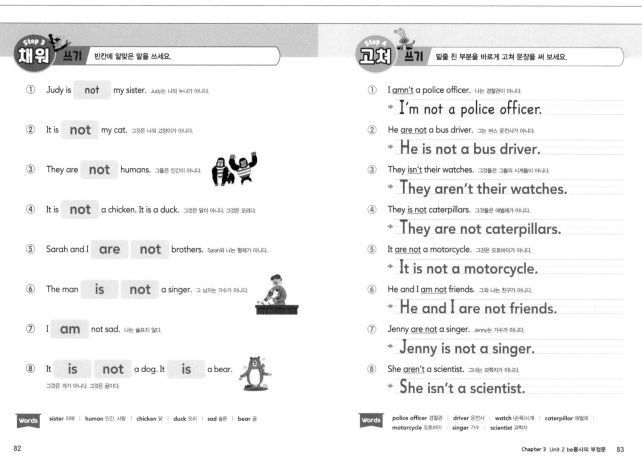

Step 3 채워 쓰기 — 빈칸에 알맞은 말을 쓰세요.

① Judy is __not__ my sister. Judy는 나의 누나가 아니다.

② It is __not__ my cat. 그것은 나의 고양이가 아니다.

③ They are __not__ humans. 그들은 인간이 아니다.

④ It is __not__ a chicken. It is a duck. 그것은 닭이 아니다. 그것은 오리다.

⑤ Sarah and I __are__ __not__ brothers. Sarah와 나는 형제가 아니다.

⑥ The man __is__ __not__ a singer. 그 남자는 가수가 아니다.

⑦ I __am__ not sad. 나는 슬프지 않다.

⑧ It __is__ __not__ a dog. It __is__ a bear.
그것은 개가 아니다. 그것은 곰이다.

Words sister 자매 | human 인간, 사람 | chicken 닭 | duck 오리 | sad 슬픈 | bear 곰

Step 4 고쳐 쓰기 — 밑줄 친 부분을 바르게 고쳐 문장을 써 보세요.

① I __amn't__ a police officer. 나는 경찰관이 아니다.
→ **I'm not a police officer.**

② He __are not__ a bus driver. 그는 버스 운전사가 아니다.
→ **He is not a bus driver.**

③ They __isn't__ their watches. 그것들은 그들의 시계들이 아니다.
→ **They aren't their watches.**

④ They __is not__ caterpillars. 그것들은 애벌레가 아니다.
→ **They are not caterpillars.**

⑤ It __are not__ a motorcycle. 그것은 오토바이가 아니다.
→ **It is not a motorcycle.**

⑥ He and I __am not__ friends. 그와 나는 친구가 아니다.
→ **He and I are not friends.**

⑦ Jenny __are not__ a singer. Jenny는 가수가 아니다.
→ **Jenny is not a singer.**

⑧ She __aren't__ a scientist. 그녀는 과학자가 아니다.
→ **She isn't a scientist.**

Words police officer 경찰관 | driver 운전사 | watch (손목)시계 | caterpillar 애벌레 | motorcycle 오토바이 | singer 가수 | scientist 과학자

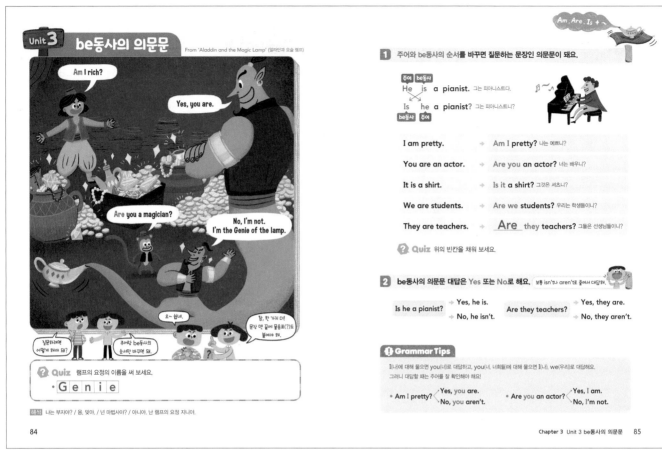

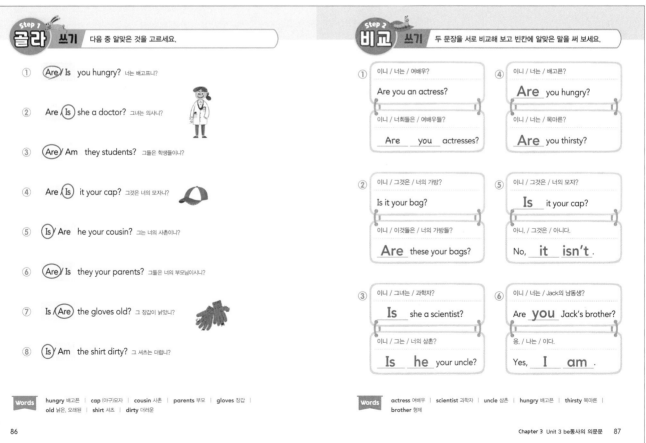

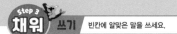

Step 3 채워 쓰기 　빈칸에 알맞은 말을 쓰세요.

① **Is** she sick? 그녀는 아프니?

② **Are** they rabbits? 그것들은 토끼들이니?

③ **Is** the car new? 그 자동차는 새것이니?

④ **Are** you thirsty? 너는 목마르니?

⑤ **Is** **she** a doctor? 그녀는 의사니?

⑥ A: **Is** the shirt old? 그 셔츠는 낡았니?
B: No, **it** **isn't**. 아니, 그렇지 않아.

⑦ A: **Are** they bears? 그것들은 곰들이니?
B: **Yes**, **they** are. 응, 그래.

잠깐만요!
the car(그 자동차)와 the shirt(그 셔츠)는 it(그것)으로 대답해야 해요.

Words sick 아픈 | rabbit 토끼 | thirsty 목마른 | shirt 셔츠 | old 낡은, 오래된 | bear 곰

88

Step 4 고쳐 쓰기 　밑줄 친 부분을 바르게 고쳐 문장을 써 보세요.

① <u>Is</u> they tigers? 그것들은 호랑이들이니?
→ **Are they tigers?**

② <u>Are</u> he a police officer? 그는 경찰관이니?
→ **Is he a police officer?**

③ <u>Am</u> you happy? 너는 행복하니?
→ **Are you happy?**

④ <u>Are</u> he a teacher? 그는 선생님이니?
→ **Is he a teacher?**

⑤ <u>Is</u> they lazy? 그들은 게으르니?
→ **Are they lazy?**

⑥ <u>Are</u> she a volleyball player? 그녀는 배구 선수이니?
→ **Is she a volleyball player?**

⑦ <u>Am</u> it your bag? 그것은 너의 가방이니?
→ **Is it your bag?**

⑧ <u>Is</u> I tall? 나는 키가 크니?
→ **Am I tall?**

Words tiger 호랑이 | police officer 경찰관 | lazy 게으른 | volleyball player 배구 선수 | bag 가방 | tall 키가 큰

Chapter 3 Unit 3 be동사의 의문문 89

Unit 4 be동사의 의문사 의문문

From 'Robin Hood' (로빈 후드)

What is it?
It's a deer.
Who are you?
I'm Robin Hood.
What are they?
They are arrows.

누군 who, 무엇은 what 이런 걸 뭐라고 하게?

너무 쉽다, 의문사!

Quiz 로빈 후드가 활을 쏘아 죽인 동물은 무엇인가요?
· **d e e r**

해석 그게 뭐예요? / 사슴이에요. / 너는 누구냐? / 저는 로빈 후드입니다. / 저것들은 뭐지? / 저것들은 화살이야.

90

1 사물이나 동물에 대해 물어볼 때 what을 사용해요.

| What | be동사 |

What **is** it? 그것은 무엇이니?
What **is** it? 그것은 무엇이니?

What **are** they? 그것들은 무엇이니?
What are they? 그것들은 무엇이니?

Quiz 위의 빈칸을 채워 보세요.

2 사람에 대해 물어볼 때 who를 사용해요.

| Who | be동사 |

Who **is** she? 그녀는 누구니?
Who **are** you? 너는 누구니?

Who are they?
그들은 누구니?

Quiz 위의 빈칸을 채워 보세요.

3 장소를 묻는 where, 시간을 묻는 when과 같은 의문사들도 있어요.

Where **is** he?
그는 어디에 있니?

When **is** your birthday?
너의 생일은 언제니?

Grammar Tips
의문사는 who(누가), when(언제), where(어디서), what(무엇을), how(어떻게), why(왜) 등 구체적인 것을 물어볼 때 쓰는 말이에요. 질문할 때 의문사는 항상 문장 맨 앞에 나와요.

Chapter 3 Unit 4 be동사의 의문사 의문문 91

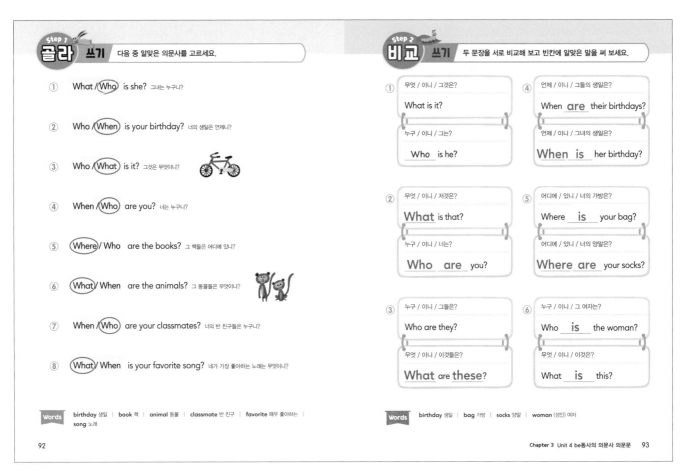

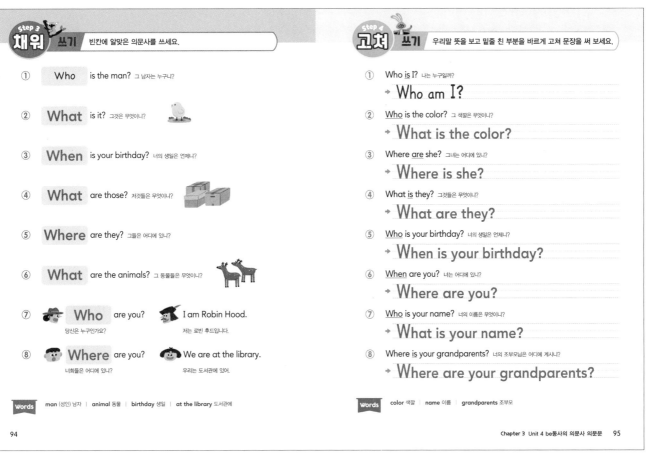

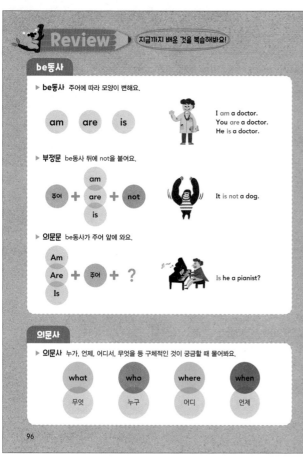

Review 지금까지 배운 것을 복습해봐요!

be동사

▶ **be동사** 주어에 따라 모양이 변해요.

am are is

I am a doctor.
You are a doctor.
He is a doctor.

▶ **부정문** be동사 뒤에 not을 붙여요.

주어 + am / are / is + not

It is not a dog.

▶ **의문문** be동사가 주어 앞에 와요.

Am / Are / Is + 주어 + ?

Is he a pianist?

의문사

▶ **의문사** 누가, 언제, 어디서, 무엇을 등 구체적인 것이 궁금할 때 물어봐요.

what 무엇 who 누구 where 어디 when 언제

96

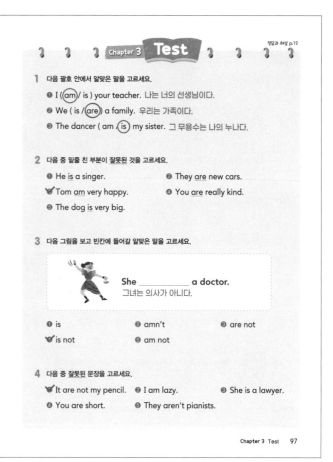

1 다음 괄호 안에서 알맞은 말을 고르세요.

❶ I ((am) / is) your teacher. 나는 너의 선생님이다.
❷ We (is / (are)) a family. 우리는 가족이다.
❸ The dancer (am / (is)) my sister. 그 무용수는 나의 누나다.

2 다음 중 밑줄 친 부분이 잘못된 것을 고르세요.

❶ He is a singer.   ❷ They are new cars.
✔ Tom am very happy.   ❹ You are really kind.
❺ The dog is very big.

3 다음 그림을 보고 빈칸에 들어갈 알맞은 말을 고르세요.

She _____ a doctor.
그녀는 의사가 아니다.

❶ is   ❷ amn't   ❸ are not
✔ is not   ❺ am not

4 다음 중 잘못된 문장을 고르세요.

✔ It are not my pencil.   ❷ I am lazy.   ❸ She is a lawyer.
❹ You are short.   ❺ They aren't pianists.

Chapter 3 Test 97

---

5 다음 보기를 이용하여 빈칸에 알맞은 말을 쓰세요.

Is   Are   Am

❶ **Are** you hungry? 너는 배고프니?
❷ **Is** it your phone? 그것은 너의 휴대폰이니?
❸ **Am** I young? 나는 어리니?

6 다음 그림을 보고 대화의 빈칸에 알맞은 말을 쓰세요.

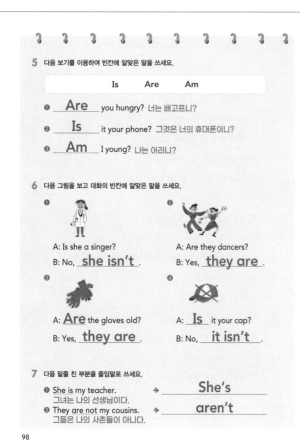

❶ A: Is she a singer?
   B: No, **she isn't**.

❷ A: Are they dancers?
   B: Yes, **they are**.

❸ A: **Are** the gloves old?
   B: Yes, **they are**.

❹ A: **Is** it your cap?
   B: No, **it isn't**.

7 다음 밑줄 친 부분을 줄임말로 쓰세요.

❶ She is my teacher.   → **She's**
   그녀는 나의 선생님이다.
❷ They are not my cousins.   → **aren't**
   그들은 나의 사촌들이 아니다.

98

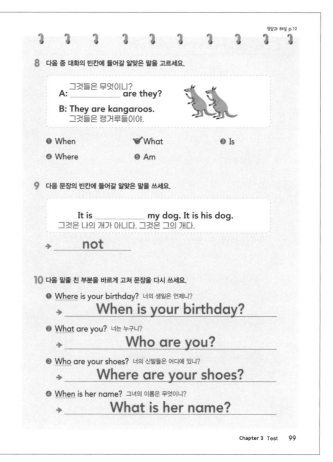

8 다음 중 대화의 빈칸에 들어갈 알맞은 말을 고르세요.

그것들은 무엇이니?
A: _____ are they?
B: They are kangaroos.
그것들은 캥거루들이야.

❶ When   ✔ What   ❸ Is
❹ Where   ❺ Am

9 다음 문장의 빈칸에 들어갈 알맞은 말을 쓰세요.

It is _____ my dog. It is his dog.
그것은 나의 개가 아니다. 그것은 그의 개다.

→ **not**

10 다음 밑줄 친 부분을 바르게 고쳐 문장을 다시 쓰세요.

❶ Where is your birthday? 너의 생일은 언제니?
   → **When is your birthday?**
❷ What are you? 너는 누구니?
   → **Who are you?**
❸ Who are your shoes? 너의 신발들은 어디에 있니?
   → **Where are your shoes?**
❹ When is her name? 그녀의 이름은 무엇이니?
   → **What is her name?**

Chapter 3 Test 99

일반동사의 형태 ①

From 'Anne of Green Gables' (빨강 머리 앤)

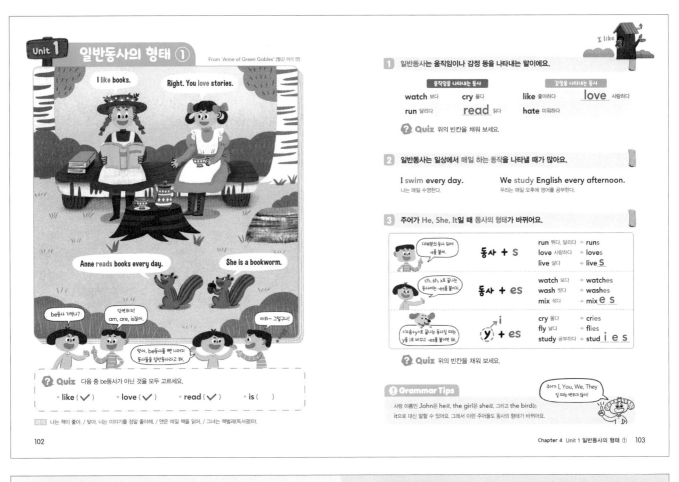

I like books.

Right. You love stories.

Anne reads books every day.

She is a bookworm.

be동사 기억나?

당연하지! am, are, is잖아.

아하~ 그렇구나!

맞아, be동사를 뺀 나머지 동사들을 일반동사라고 해.

Quiz 다음 중 be동사가 아닌 것을 모두 고르세요.

• like (✓) • love (✓) • read (✓) • is ( )

해석 나는 책이 좋아. / 맞아, 너는 이야기를 정말 좋아해. / 앤은 매일 책을 읽어. / 그녀는 책벌레(독서광)야.

102

---

1 일반동사는 움직임이나 감정 등을 나타내는 말이에요.

움직임을 나타내는 동사		감정을 나타내는 동사	
watch 보다	**cry** 울다	**like** 좋아하다	**love** 사랑하다
run 달리다	**read** 읽다	**hate** 미워하다	

Quiz 위의 빈칸을 채워 보세요.

2 일반동사는 일상에서 매일 하는 동작을 나타낼 때가 많아요.

I **swim** every day.
나는 매일 수영한다.

We **study** English every afternoon.
우리는 매일 오후에 영어를 공부한다.

3 주어가 He, She, It일 때 동사의 형태가 바뀌어요.

대부분의 동사 뒤에 -s를 붙여.

동사 + s

run 뛰다, 달리다 → runs
love 사랑하다 → loves
live 살다 → live **s**

ch, sh, x로 끝나는 동사에는 -es를 붙이고,

동사 + es

watch 보다 → watches
wash 씻다 → washes
mix 섞다 → mix **e s**

<자음+y>로 끝나는 동사일 때는 y를 i로 바꾸고 -es를 붙이면 돼.

y → i + es

cry 울다 → cries
fly 날다 → flies
study 공부하다 → stud **i e s**

Quiz 위의 빈칸을 채워 보세요.

Grammar Tips

사람 이름인 John은 he로, the girl은 she로, 그리고 the bird는 it으로 대신 말할 수 있어요. 그래서 이런 주어들도 동사의 형태가 바뀌어요.

주어가 I, You, We, They 일 때는 변하지 않아!

Chapter 4 Unit 1 일반동사의 형태 ① 103

Step 1

골라 쓰기 다음 중 알맞은 것을 고르세요.

① John ⟨runs⟩/ run every day. John은 매일 달린다.

② We ⟨study⟩/ studies English. 우리는 영어를 공부한다.

③ I ⟨swim⟩/ swims every morning. 나는 매일 아침에 수영을 한다.

④ I ⟨watch⟩/ watches TV every day. 나는 매일 TV를 본다.

⑤ You loves /⟨love⟩ stories. 너는 이야기를 정말 좋아한다.

⑥ Tom ⟨reads⟩/ read books. Tom은 책을 읽는다.

⑦ The bird fly /⟨flies⟩ in the sky. 그 새는 하늘을 난다.

⑧ Sam ⟨plays⟩/ play soccer every day. Sam은 매일 축구를 한다.

Words every day 매일 | swim 수영하다 | every morning 매일 아침 | love 사랑하다, 정말 좋아하다 |
story 이야기 | read 읽다 | play (게임, 놀이 등을) 하다, 놀다, 연주하다

104

Step 2

비교 쓰기 두 문장을 서로 비교해 보고 빈칸에 알맞은 말을 써 보세요.

① 나는 / 좋아한다 / 수학을.
I like math.

그는 / 좋아한다 / 영어를.
He **likes** English.

② 우리는 / 공부한다 / 영어를.
We study English.

그녀는 / 공부한다 / 수학을.
She **studies** math.

③ 그는 / 친다 / 테니스를.
He **plays** tennis.

그들은 / 한다 / 축구를.
They **play** soccer.

④ 그는 / 가르친다 / 역사를.
He teaches history.

그들은 / 가르친다 / 역사를.
They **teach** history.

⑤ 그 새는 / 난다 / 하늘을.
The bird flies in the sky.

그녀는 / 운다 / 매일 밤.
She **cries** every night.

⑥ 우리는 / 씻는다 / 우리의 손을.
We **wash** our hands.

그는 / 씻는다 / 그의 손을.
He **washes** his hands.

Words study 공부하다 | tennis 테니스 | teach 가르치다 | history 역사 | in the sky 하늘을 |
every night 매일 밤 | wash 씻다 | hand 손

Chapter 4 Unit 1 일반동사의 형태 ① 105

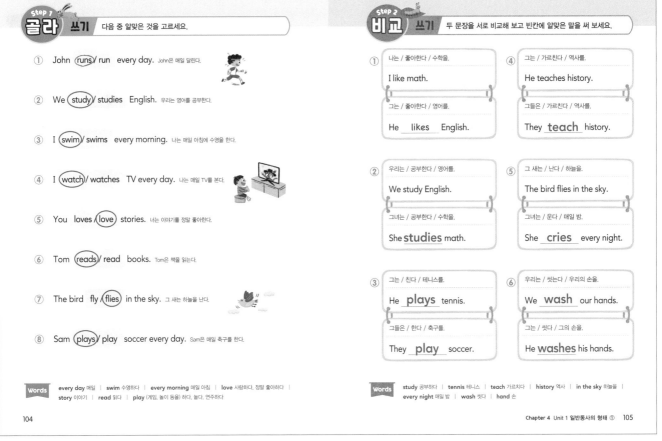

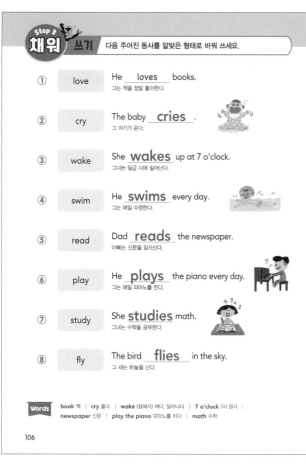

Step 3 채워 쓰기 다음 주어진 동사를 알맞은 형태로 바꿔 쓰세요.

① love — He __loves__ books.
그는 책을 정말 좋아한다.

② cry — The baby __cries__ .
그 아기가 운다.

③ wake — She __wakes__ up at 7 o'clock.
그녀는 일곱 시에 일어난다.

④ swim — He __swims__ every day.
그는 매일 수영한다.

⑤ read — Dad __reads__ the newspaper.
아빠는 신문을 읽으신다.

⑥ play — He __plays__ the piano every day.
그는 매일 피아노를 친다.

⑦ study — She __studies__ math.
그녀는 수학을 공부한다.

⑧ fly — The bird __flies__ in the sky.
그 새는 하늘을 난다.

Words book 책 | cry 울다 | wake (잠에서) 깨다, 일어나다 | 7 o'clock 7시 정시 | newspaper 신문 | play the piano 피아노를 치다 | math 수학

Step 4 고쳐 쓰기 밑줄 친 부분을 바르게 고쳐 문장을 써 보세요.

① Jenny like books. Jenny는 책을 좋아한다.
→ Jenny likes books.

② He watch TV after dinner. 그는 저녁 식사 후에 TV를 본다.
→ He watches TV after dinner.

③ She teach science. 그녀는 과학을 가르친다.
→ She teaches science.

④ I teaches math. 나는 수학을 가르친다.
→ I teach math.

⑤ John wash his hands. John은 그의 손을 씻는다.
→ John washes his hands.

⑥ The baby crys every night. 그 아기는 매일 밤 운다.
→ The baby cries every night.

⑦ I loves English. 나는 영어를 정말 좋아한다.
→ I love English.

⑧ She live in Seoul. 그녀는 서울에 산다.
→ She lives in Seoul.

Words like 좋아하다 | watch TV TV를 보다 | after dinner 저녁 식사 후에 | science 과학 | wash one's hands 손을 씻다 | love 사랑하다, 정말 좋아하다 | live 살다

Unit 2 일반동사의 형태 ②
From 'Treasure Island' (보물섬)

He has the treasure map.

Really? I have a gun.

No!

Jim only has a sword.

동사 have는 이상하게 바뀌지?

그러게, have에 -s를 붙이는 게 아니네.

응, has로 변해.

꼭 기억해야겠다!

Quiz 선장이 찾고 있고, 짐(Jim)이 등 뒤로 숨기고 있는 것이 무엇인지 고르세요.
• gun ( ) • sword ( ) • map (✓) • Jim ( )

해석 그가 보물 지도를 가지고 있어요. / 그래? 나는 총을 가지고 있지. / 안 돼! 짐은 칼밖에 없어.

1 주어가 He, She, It일 때 동사 have는 has로 바뀌어요.

have → has

He has a toy. 그는 장난감이 있다.
She has a dog. 그녀는 개가 있다.
It has long ears. 그것은 긴 귀를 가지고 있다.

have는 간단히 '~이 있다'이런 식으로 말할 수 있어!
'나는 장난감이 있다'

Quiz 위의 빈칸을 채워 보세요.

2 주어가 He, She, It일 때 동사 do는 does로 바뀌어요.

do → does

He does the dishes. 그는 설거지를 한다.
She does her homework. 그녀는 그녀의 숙제를 한다.

do는 '~을 하다'라는 뜻이야.

Quiz 위의 빈칸을 채워 보세요.

3 주어가 He, She, It일 때 동사 go는 goes로 바뀌어요.

go → goes

He goes to school. 그는 학교에 간다.
She goes to the office. 그녀는 회사에 간다.

Grammar Tips
주어 Sam은 he로, the cat은 it으로 대신할 수 있어요. 이런 주어들도 동사의 형태가 바뀌어요.

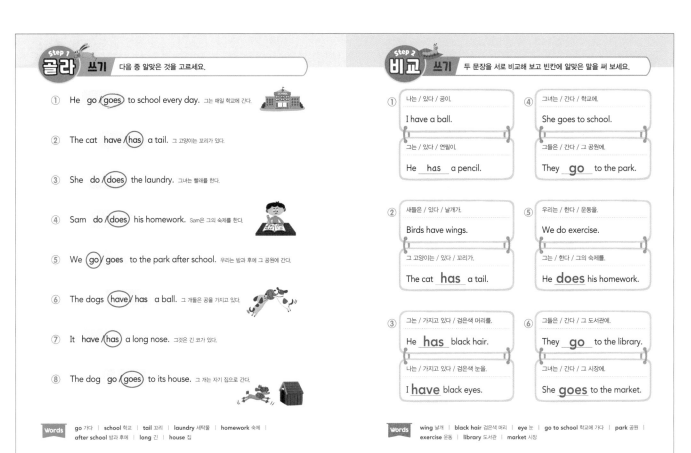

Step 1 골라 쓰기 — 다음 중 알맞은 것을 고르세요.

① He go /(goes) to school every day. 그는 매일 학교에 간다.

② The cat have /(has) a tail. 그 고양이는 꼬리가 있다.

③ She do /(does) the laundry. 그녀는 빨래를 한다.

④ Sam do /(does) his homework. Sam은 그의 숙제를 한다.

⑤ We (go)/ goes to the park after school. 우리는 방과 후에 그 공원에 간다.

⑥ The dogs (have)/ has a ball. 그 개들은 공을 가지고 있다.

⑦ It have /(has) a long nose. 그것은 긴 코가 있다.

⑧ The dog go /(goes) to its house. 그 개는 자기 집으로 간다.

Words go 가다 | school 학교 | tail 꼬리 | laundry 세탁물 | homework 숙제 |
after school 방과 후에 | long 긴 | house 집

110

Step 2 비교 쓰기 — 두 문장을 서로 비교해 보고 빈칸에 알맞은 말을 써 보세요.

① 나는 / 있다 / 공이.
I have a ball.
그는 / 있다 / 연필이.
He __has__ a pencil.

② 새들은 / 있다 / 날개가.
Birds have wings.
그 고양이는 / 있다 / 꼬리가.
The cat __has__ a tail.

③ 그는 / 가지고 있다 / 검은색 머리를.
He __has__ black hair.
나는 / 가지고 있다 / 검은색 눈을.
I __have__ black eyes.

④ 그녀는 / 간다 / 학교에.
She goes to school.
그들은 / 간다 / 그 공원에.
They __go__ to the park.

⑤ 우리는 / 한다 / 운동을.
We do exercise.
그는 / 한다 / 그의 숙제를.
He __does__ his homework.

⑥ 그들은 / 간다 / 그 도서관에.
They __go__ to the library.
그녀는 / 간다 / 그 시장에.
She __goes__ to the market.

Words wing 날개 | black hair 검은색 머리 | eye 눈 | go to school 학교에 가다 | park 공원 |
exercise 운동 | library 도서관 | market 시장

Chapter 4 Unit 2 일반동사의 형태 ② 111

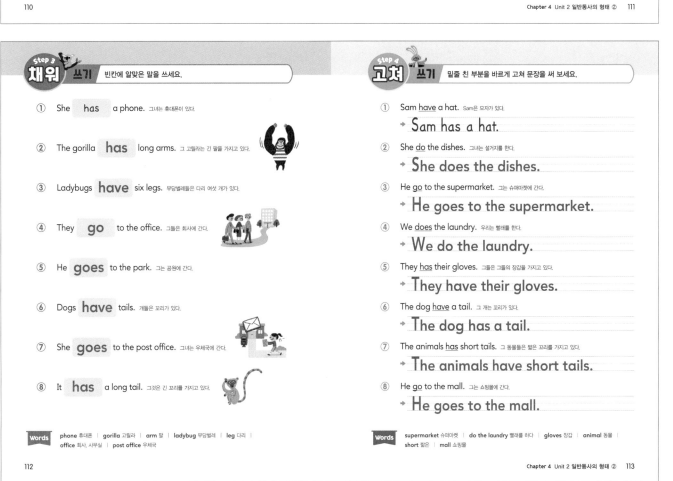

Step 3 채워 쓰기 — 빈칸에 알맞은 말을 쓰세요.

① She __has__ a phone. 그녀는 휴대폰이 있다.

② The gorilla __has__ long arms. 그 고릴라는 긴 팔을 가지고 있다.

③ Ladybugs __have__ six legs. 무당벌레들은 다리 여섯 개가 있다.

④ They __go__ to the office. 그들은 회사에 간다.

⑤ He __goes__ to the park. 그는 공원에 간다.

⑥ Dogs __have__ tails. 개들은 꼬리가 있다.

⑦ She __goes__ to the post office. 그녀는 우체국에 간다.

⑧ It __has__ a long tail. 그것은 긴 꼬리를 가지고 있다.

Words phone 휴대폰 | gorilla 고릴라 | arm 팔 | ladybug 무당벌레 | leg 다리 |
office 회사, 사무실 | post office 우체국

112

Step 4 고쳐 쓰기 — 밑줄 친 부분을 바르게 고쳐 문장을 써 보세요.

① Sam have a hat. Sam은 모자가 있다.
➡ Sam has a hat.

② She do the dishes. 그녀는 설거지를 한다.
➡ She does the dishes.

③ He go to the supermarket. 그는 슈퍼마켓에 간다.
➡ He goes to the supermarket.

④ We does the laundry. 우리는 빨래를 한다.
➡ We do the laundry.

⑤ They has their gloves. 그들은 그들의 장갑을 가지고 있다.
➡ They have their gloves.

⑥ The dog have a tail. 그 개는 꼬리가 있다.
➡ The dog has a tail.

⑦ The animals has short tails. 그 동물들은 짧은 꼬리를 가지고 있다.
➡ The animals have short tails.

⑧ He go to the mall. 그는 쇼핑몰에 간다.
➡ He goes to the mall.

Words supermarket 슈퍼마켓 | do the laundry 빨래를 하다 | gloves 장갑 | animal 동물 |
short 짧은 | mall 쇼핑몰

Chapter 4 Unit 2 일반동사의 형태 ② 113

From 'My Sweet Orange Tree' (나의 라임 오렌지 나무)

Quiz 제제(Zeze)가 나무에게 없다고 한 것이 무엇인지 쓰세요.

ᵐ o u t h

[해석] 안녕, 제제야. / 왜 너 말할 수 있구나. 넌 입이 없잖아. / 응. 난 입이 없지만 말을 할 수 있어.

114

1 일반동사 앞에 do not을 붙이면 부정문이 돼요.

| 주어 | do not | 일반동사 |

I like cats. → I do not like cats. 나는 고양이를 좋아하지 않는다.
We have a ball. → We do not have a ball. 우리는 공을 가지고 있지 않다.

2 주어가 He, She, It일 때는 일반동사 앞에 does not을 붙이면 돼요.

| 주어 | does not | 일반동사 |

He likes math. → He does not like math. 그는 수학을 좋아하지 않는다.
She has a book. → She **does** not have a book. 그녀는 책을 가지고 있지 않다.

Quiz 위의 빈칸을 채워 보세요.

어라? 주어가 He인데 동사 뒤에 -s가 붙지 않네?
응! 주어가 He, She, It이어도 동사 모양은 바뀌지 않아!

3 do not, does not은 줄일 수 있어요.

I do not drink milk. = I don't drink milk. 나는 우유를 마시지 않는다.
He does not play soccer. = He doesn't play soccer. 그는 축구를 하지 않는다.

Grammar Tips
be동사는 동사 뒤에 not을, 일반동사는 동사 앞에 don't나 doesn't를 붙여서 부정문을 만들어요.
be동사 I am happy. → I am not happy.
일반동사 I like him. → I don't like him.

Chapter 4 Unit 3 일반동사의 부정문 115

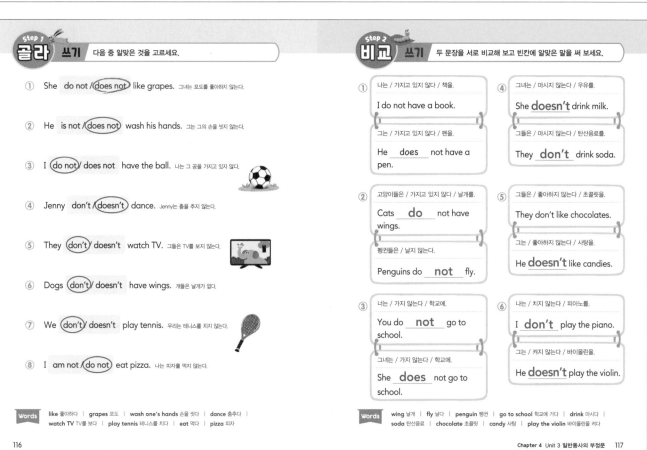

Step 1 골라 쓰기 다음 중 알맞은 것을 고르세요.

① She do not / (does not) like grapes. 그녀는 포도를 좋아하지 않는다.

② He is not / (does not) wash his hands. 그는 그의 손을 씻지 않는다.

③ I (do not) / does not have the ball. 나는 그 공을 가지고 있지 않다.

④ Jenny don't / (doesn't) dance. Jenny는 춤을 추지 않는다.

⑤ They (don't) / doesn't watch TV. 그들은 TV를 보지 않는다.

⑥ Dogs (don't) / doesn't have wings. 개들은 날개가 없다.

⑦ We (don't) / doesn't play tennis. 우리는 테니스를 치지 않는다.

⑧ I am not / (do not) eat pizza. 나는 피자를 먹지 않는다.

Words like 좋아하다 | grapes 포도 | wash one's hands 손을 씻다 | dance 춤추다 |
watch TV TV를 보다 | play tennis 테니스를 치다 | eat 먹다 | pizza 피자

116

Step 2 비교 쓰기 두 문장을 서로 비교해 보고 빈칸에 알맞은 말을 써 보세요.

① 나는 / 가지고 있지 않다 / 책을.
I do not have a book.
그는 / 가지고 있지 않다 / 펜을.
He does not have a pen.

② 고양이들은 / 가지고 있지 않다 / 날개를.
Cats do not have wings.
펭귄들은 / 날지 않는다.
Penguins do not fly.

③ 너는 / 가지 않다 / 학교에.
You do not go to school.
그녀는 / 가지 않는다 / 학교에.
She does not go to school.

④ 그녀는 / 마시지 않는다 / 우유를.
She doesn't drink milk.
그들은 / 마시지 않는다 / 탄산음료를.
They don't drink soda.

⑤ 그들은 / 좋아하지 않는다 / 초콜릿을.
They don't like chocolates.
그는 / 좋아하지 않는다 / 사탕을.
He doesn't like candies.

⑥ 나는 / 치지 않는다 / 피아노를.
I don't play the piano.
그는 / 켜지 않는다 / 바이올린을.
He doesn't play the violin.

Words wing 날개 | fly 날다 | penguin 펭귄 | go to school 학교에 가다 | drink 마시다 |
soda 탄산음료 | chocolate 초콜릿 | candy 사탕 | play the violin 바이올린을 켜다

Chapter 4 Unit 3 일반동사의 부정문 117

채워 쓰기 빈칸에 알맞은 말을 쓰세요.

① I do **not** study science. 나는 과학을 공부하지 않는다.

② She does **not** have long hair. 그녀는 긴 머리를 가지고 있지 않다.

③ Sam **does** not like baseball. Sam은 야구를 좋아하지 않는다.

④ The man does **not** play the piano. 그 남자는 피아노를 치지 않는다.

⑤ You **do** not go to school. 너는 학교에 가지 않는다.

⑥ They **don't** do exercise. 그들은 운동을 하지 않는다.

⑦ She **does** **not** have a phone. 그녀는 휴대폰이 없다.

⑧ We **do** **not** like candies. 우리는 사탕을 좋아하지 않는다.

Words science 과학 | baseball 야구 | play the piano 피아노를 치다 | do exercise 운동을 하다 | phone 휴대폰 | candy 사탕

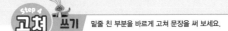 **고쳐 쓰기** 밑줄 친 부분을 바르게 고쳐 문장을 써 보세요.

① He <u>do</u> not read books. 그는 책을 읽지 않는다.
→ He does not read books.

② I <u>doesn't</u> do the dishes. 나는 설거지를 하지 않는다.
→ I don't do the dishes.

③ She <u>don't</u> play badminton. 그녀는 배드민턴을 치지 않는다.
→ She doesn't play badminton.

④ They <u>does not</u> drink soda. 그들은 탄산음료를 마시지 않는다.
→ They do not drink soda.

⑤ The man <u>don't</u> like soccer. 그 남자는 축구를 좋아하지 않는다.
→ The man doesn't like soccer.

⑥ You <u>doesn't</u> have a jacket. 너는 재킷이 없다.
→ You don't have a jacket.

⑦ He doesn't <u>goes</u> to school. 그는 학교에 가지 않는다.
→ He doesn't go to school.

⑧ She <u>do</u> not live in Seoul. 그녀는 서울에 살지 않는다.
→ She does not live in Seoul.

Words do the dishes 설거지를 하다 | badminton 배드민턴 | soda 탄산음료 | soccer 축구 | jacket 재킷 | school 학교 | live 살다

Unit 4 일반동사의 의문문

From 'Dr. Jekyll and Mr. Hyde' (지킬박사와 하이드)

Quiz 거울에 비친 사람이 누구인지 고르세요.
• Dr. Jekyll ( )   • mouse ( )   • Mr. Hyde (✓)   • cat ( )

나를 알아요? / 아니, 몰라. / 그를 알아요? / 응, 알지. 그는 하이드 씨야.

1 문장 맨 앞에 Do를 넣으면 질문하는 문장인 의문문이 돼요.

| Do | 주어 | 일반동사 |

You have the book. → Do you have the book? 너는 그 책이 있니?
They like dogs. → Do they like dogs? 그들은 개를 좋아하니?

2 주어가 He, She, It일 때는 문장 맨 앞에 Does를 넣어요.

| Does | 주어 | 일반동사 |

He likes English. → Does he like English? 그는 영어를 좋아하니?
She has a cat. → Does she have a cat? 그녀는 고양이가 있니?

Does가 맨 앞에 오면   Does   have   has는 have로 써!

3 일반동사의 의문문 대답은 Yes 또는 No로 해요.

Do you like candies?
→ Yes, I **do**.
→ No, I don't.

Does she play tennis?
→ Yes, she does.
→ No, she doesn't.

Quiz 위의 빈칸을 채워 보세요.

Grammar Tips
일반동사 부정문에서 주어가 He, She, It일 때, 동사 뒤에 -s를 붙이지 않았어요. 그렇다면 일반동사 의문문에서는 어떨까요? 마찬가지로 주어가 He, She, It이어도 동사에 -s를 붙이지 않아요!
• Does she likes strawberry? (✗)   • Does she like strawberry? (○)

정답과 해설 **77**

BASIC 1 정답과 해설

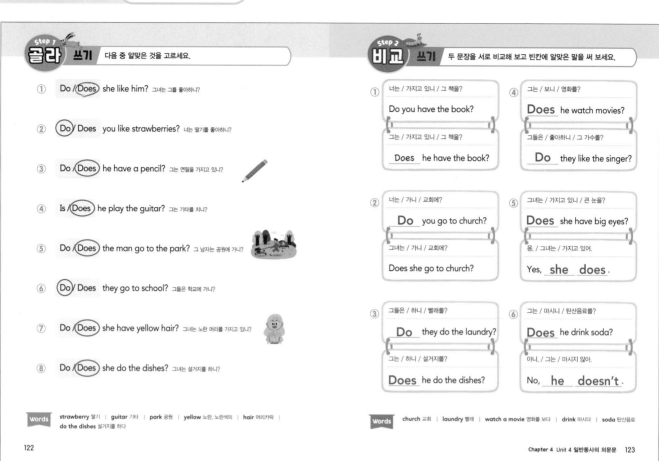

Step 1 골라 쓰기 — 다음 중 알맞은 것을 고르세요.

① Do / (Does) she like him? 그녀는 그를 좋아하니?

② (Do) / Does you like strawberries? 너는 딸기를 좋아하니?

③ Do / (Does) he have a pencil? 그는 연필을 가지고 있니?

④ Is / (Does) he play the guitar? 그는 기타를 치니?

⑤ Do / (Does) the man go to the park? 그 남자는 공원에 가니?

⑥ (Do) / Does they go to school? 그들은 학교에 가니?

⑦ Do / (Does) she have yellow hair? 그녀는 노란 머리를 가지고 있니?

⑧ Do / (Does) she do the dishes? 그녀는 설거지를 하니?

Words strawberry 딸기 | guitar 기타 | park 공원 | yellow 노란, 노란색의 | hair 머리카락 | do the dishes 설거지를 하다

122

Step 2 비교 쓰기 — 두 문장을 서로 비교해 보고 빈칸에 알맞은 말을 써 보세요.

① 너는 / 가지고 있니 / 그 책을?
Do you have the book?
그는 / 가지고 있니 / 그 책을?
Does he have the book?

② 너는 / 가니 / 교회에?
Do you go to church?
그녀는 / 가니 / 교회에?
Does she go to church?

③ 그들은 / 하니 / 빨래를?
Do they do the laundry?
그는 / 하니 / 설거지를?
Does he do the dishes?

④ 그는 / 보니 / 영화를?
Does he watch movies?
그들은 / 좋아하니 / 그 가수를?
Do they like the singer?

⑤ 그녀는 / 가지고 있니 / 큰 눈을?
Does she have big eyes?
응, / 그녀는 / 가지고 있어.
Yes, **she does**.

⑥ 그는 / 마시니 / 탄산음료를?
Does he drink soda?
아니, / 그는 / 마시지 않아.
No, **he doesn't**.

Words church 교회 | laundry 빨래 | watch a movie 영화를 보다 | drink 마시다 | soda 탄산음료

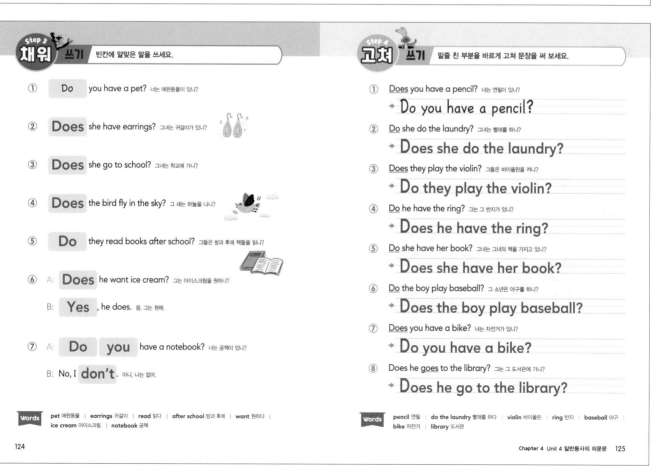

Step 3 채워 쓰기 — 빈칸에 알맞은 말을 쓰세요.

① **Do** you have a pet? 너는 애완동물이 있니?

② **Does** she have earrings? 그녀는 귀걸이가 있니?

③ **Does** she go to school? 그녀는 학교에 가니?

④ **Does** the bird fly in the sky? 그 새는 하늘을 나니?

⑤ **Do** they read books after school? 그들은 방과 후에 책들을 읽니?

⑥ A: **Does** he want ice cream? 그는 아이스크림을 원하니?
B: **Yes**, he does. 응, 그는 원해.

⑦ A: **Do** **you** have a notebook? 너는 공책이 있니?
B: No, I **don't**. 아니, 나는 없어.

Words pet 애완동물 | earrings 귀걸이 | read 읽다 | after school 방과 후에 | want 원하다 | ice cream 아이스크림 | notebook 공책

124

Step 4 고쳐 쓰기 — 밑줄 친 부분을 바르게 고쳐 문장을 써 보세요.

① <u>Does</u> you have a pencil? 너는 연필이 있니?
→ Do you have a pencil?

② <u>Do</u> she do the laundry? 그녀는 빨래를 하니?
→ Does she do the laundry?

③ <u>Does</u> they play the violin? 그들은 바이올린을 켜니?
→ Do they play the violin?

④ <u>Do</u> he have the ring? 그는 그 반지가 있니?
→ Does he have the ring?

⑤ <u>Do</u> she have her book? 그녀는 그녀의 책을 가지고 있니?
→ Does she have her book?

⑥ <u>Do</u> the boy play baseball? 그 소년은 야구를 하니?
→ Does the boy play baseball?

⑦ <u>Does</u> you have a bike? 너는 자전거가 있니?
→ Do you have a bike?

⑧ Does he <u>goes</u> to the library? 그는 그 도서관에 가니?
→ Does he go to the library?

Words pencil 연필 | do the laundry 빨래를 하다 | violin 바이올린 | ring 반지 | baseball 야구 | bike 자전거 | library 도서관

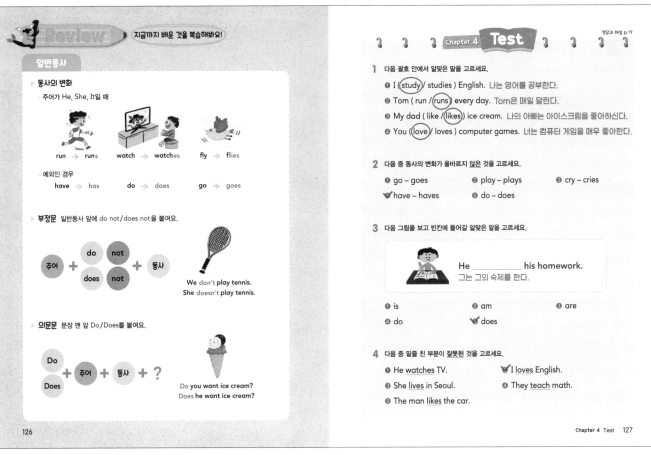

Review 지금까지 배운 것을 복습해봐요!

일반동사

▶ **동사의 변화**

주어가 He, She, It일 때

run → runs   watch → watches   fly → flies

예외인 경우

have → has   do → does   go → goes

▶ **부정문** 일반동사 앞에 do not/does not을 붙여요.

주어 + do not / does not + 동사

We don't play tennis.
She doesn't play tennis.

▶ **의문문** 문장 맨 앞 Do/Does를 붙여요.

Do/Does + 주어 + 동사 + ?

Do you want ice cream?
Does he want ice cream?

126

1 다음 괄호 안에서 알맞은 말을 고르세요.

❶ I (study / studies) English. 나는 영어를 공부한다.
❷ Tom (run / runs) every day. Tom은 매일 달린다.
❸ My dad (like / likes) ice cream. 나의 아빠는 아이스크림을 좋아하신다.
❹ You (love / loves) computer games. 너는 컴퓨터 게임을 매우 좋아한다.

2 다음 중 동사의 변화가 올바르지 않은 것을 고르세요.

❶ go – goes   ❷ play – plays   ❸ cry – cries
✔ have – haves   ❺ do – does

3 다음 그림을 보고 빈칸에 들어갈 알맞은 말을 고르세요.

He _____ his homework.
그는 그의 숙제를 한다.

❶ is   ❷ am   ❸ are
❹ do   ✔ does

4 다음 중 밑줄 친 부분이 잘못된 것을 고르세요.

❶ He watches TV.   ✔ I loves English.
❸ She lives in Seoul.   ❹ They teach math.
❺ The man likes the car.

Chapter 4 Test 127

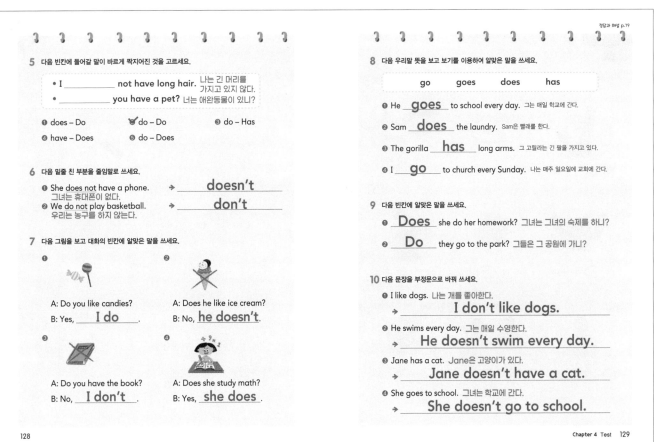

5 다음 빈칸에 들어갈 말이 바르게 짝지어진 것을 고르세요.

• I _____ not have long hair. 나는 긴 머리를 가지고 있지 않다.
• _____ you have a pet? 너는 애완동물이 있니?

❶ does – Do   ✔ do – Do   ❸ do – Has
❹ have – Does   ❺ do – Does

6 다음 밑줄 친 부분을 줄임말로 쓰세요.

❶ She does not have a phone. → __doesn't__
  그녀는 휴대폰이 없다.
❷ We do not play basketball. → __don't__
  우리는 농구를 하지 않는다.

7 다음 그림을 보고 대화의 빈칸에 알맞은 말을 쓰세요.

❶
A: Do you like candies?
B: Yes, __I do__.

❷
A: Does he like ice cream?
B: No, __he doesn't__.

❸
A: Do you have the book?
B: No, __I don't__.

❹
A: Does she study math?
B: Yes, __she does__.

8 다음 우리말 뜻을 보고 보기를 이용하여 알맞은 말을 쓰세요.

go   goes   does   has

❶ He __goes__ to school every day. 그는 매일 학교에 간다.
❷ Sam __does__ the laundry. Sam은 빨래를 한다.
❸ The gorilla __has__ long arms. 그 고릴라는 긴 팔을 가지고 있다.
❹ I __go__ to church every Sunday. 나는 매주 일요일에 교회에 간다.

9 다음 빈칸에 알맞은 말을 쓰세요.

❶ __Does__ she do her homework? 그녀는 그녀의 숙제를 하니?
❷ __Do__ they go to the park? 그들은 그 공원에 가니?

10 다음 문장을 부정문으로 바꿔 쓰세요.

❶ I like dogs. 나는 개를 좋아한다.
  → __I don't like dogs.__
❷ He swims every day. 그는 매일 수영한다.
  → __He doesn't swim every day.__
❸ Jane has a cat. Jane은 고양이가 있다.
  → __Jane doesn't have a cat.__
❹ She goes to school. 그녀는 학교에 간다.
  → __She doesn't go to school.__

128

Chapter 4 Test 129

BASIC 1 Workbook 정답과 해설

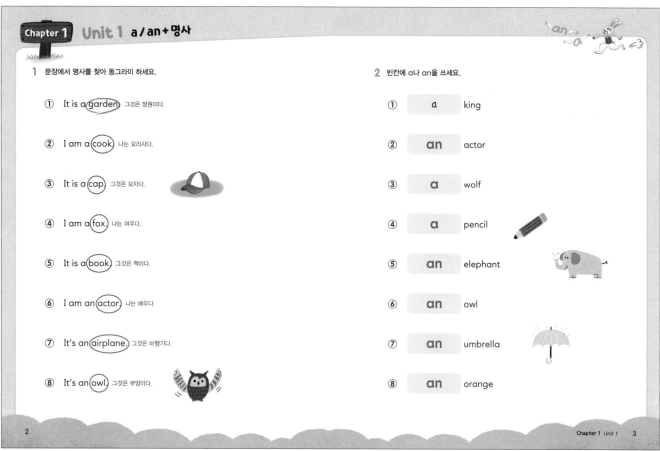

Chapter 1 Unit 1 a / an + 명사

1 문장에서 명사를 찾아 동그라미 하세요.

① It is a (garden). 그것은 정원이다.

② I am a (cook). 나는 요리사다.

③ It is a (cap). 그것은 모자다.

④ I am a (fox). 나는 여우다.

⑤ It is a (book). 그것은 책이다.

⑥ I am an (actor). 나는 배우다.

⑦ It's an (airplane). 그것은 비행기다.

⑧ It's an (owl). 그것은 부엉이다.

2 빈칸에 a나 an을 쓰세요.

① **a** king

② **an** actor

③ **a** wolf

④ **a** pencil

⑤ **an** elephant

⑥ **an** owl

⑦ **an** umbrella

⑧ **an** orange

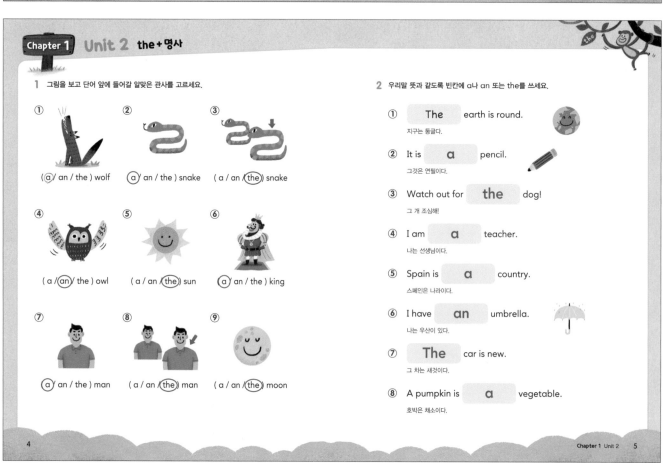

Chapter 1 Unit 2 the + 명사

1 그림을 보고 단어 앞에 들어갈 알맞은 관사를 고르세요.

① ((a) / an / the) wolf

② ((a) / an / the) snake

③ (a / an / (the)) snake

④ (a / (an) / the) owl

⑤ (a / an / (the)) sun

⑥ ((a) / an / the) king

⑦ ((a) / an / the) man

⑧ (a / an / (the)) man

⑨ (a / an / (the)) moon

2 우리말 뜻과 같도록 빈칸에 a나 an 또는 the를 쓰세요.

① **The** earth is round.
지구는 둥글다.

② It is **a** pencil.
그것은 연필이다.

③ Watch out for **the** dog!
그 개 조심해!

④ I am **a** teacher.
나는 선생님이다.

⑤ Spain is **a** country.
스페인은 나라이다.

⑥ I have **an** umbrella.
나는 우산이 있다.

⑦ **The** car is new.
그 차는 새것이다.

⑧ A pumpkin is **a** vegetable.
호박은 채소이다.

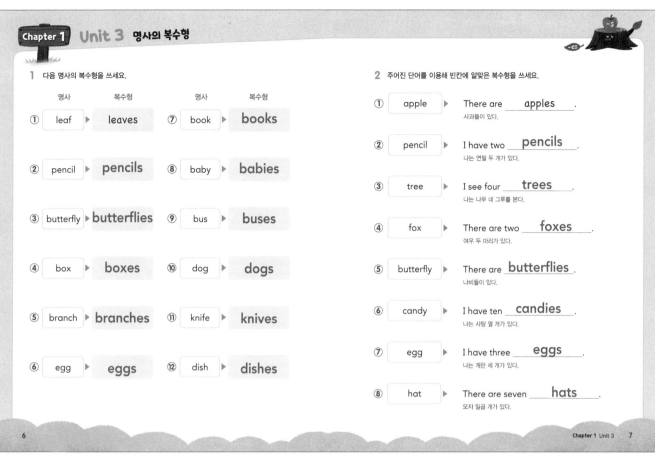

Chapter 1 Unit 3 명사의 복수형

1 다음 명사의 복수형을 쓰세요.

	명사	복수형		명사	복수형
①	leaf	leaves	⑦	book	books
②	pencil	pencils	⑧	baby	babies
③	butterfly	butterflies	⑨	bus	buses
④	box	boxes	⑩	dog	dogs
⑤	branch	branches	⑪	knife	knives
⑥	egg	eggs	⑫	dish	dishes

2 주어진 단어를 이용해 빈칸에 알맞은 복수형을 쓰세요.

① apple ▶ There are ___apples___.
사과들이 있다.

② pencil ▶ I have two ___pencils___.
나는 연필 두 개가 있다.

③ tree ▶ I see four ___trees___.
나는 나무 네 그루를 본다.

④ fox ▶ There are two ___foxes___.
여우 두 마리가 있다.

⑤ butterfly ▶ There are ___butterflies___.
나비들이 있다.

⑥ candy ▶ I have ten ___candies___.
나는 사탕 열 개가 있다.

⑦ egg ▶ I have three ___eggs___.
나는 계란 세 개가 있다.

⑧ hat ▶ There are seven ___hats___.
모자 일곱 개가 있다.

6   Chapter 1 Unit 3   7

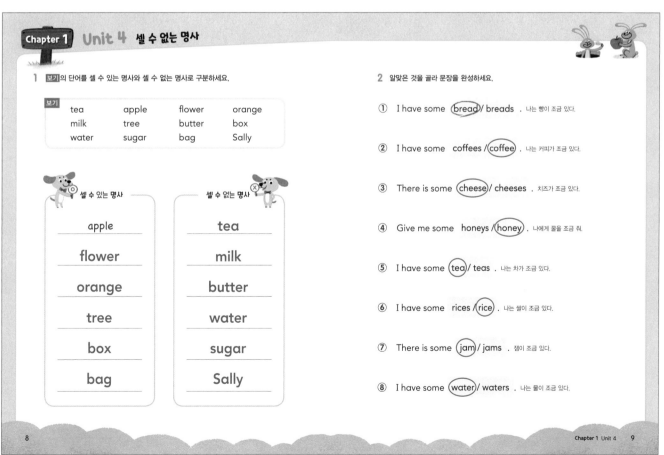

Chapter 1 Unit 4 셀 수 없는 명사

1 보기의 단어를 셀 수 있는 명사와 셀 수 없는 명사로 구분하세요.

보기
tea	apple	flower	orange
milk	tree	butter	box
water	sugar	bag	Sally

셀 수 있는 명사
apple
flower
orange
tree
box
bag

셀 수 없는 명사
tea
milk
butter
water
sugar
Sally

2 알맞은 것을 골라 문장을 완성하세요.

① I have some (bread)/ breads . 나는 빵이 조금 있다.

② I have some coffees /(coffee) . 나는 커피가 조금 있다.

③ There is some (cheese)/ cheeses . 치즈가 조금 있다.

④ Give me some honeys /(honey) . 나에게 꿀을 조금 줘.

⑤ I have some (tea)/ teas . 나는 차가 조금 있다.

⑥ I have some rices /(rice) . 나는 쌀이 조금 있다.

⑦ There is some (jam)/ jams . 잼이 조금 있다.

⑧ I have some (water)/ waters . 나는 물이 조금 있다.

8   Chapter 1 Unit 4   9

Workbook 정답과 해설   81

Chapter 1 Wrap Up

1 다음 명사 앞에 a나 an을 쓰고 빈칸에 단어와 함께 쓰세요.
(a나 an을 쓸 수 없으면 ×표 하세요.)

① [a] flower → a flower

② [×] Korea → Korea

③ [an] egg → an egg

④ [×] juice → juice

⑤ [an] airplane → an airplane

⑥ [a] leaf → a leaf

⑦ [×] sugar → sugar

⑧ [a] baby → a baby

10

2 그림을 보고 빈칸에 알맞은 숫자와 복수형을 함께 쓰세요.

① box → 5 boxes

② apple → 4 apples

③ watch → 3 watches

④ banana → 3 bananas

⑤ wolf → 2 wolves

⑥ horse → 4 horses

⑦ umbrella → 3 umbrellas

⑧ pencil → 2 pencils

⑨ baby → 2 babies

3 빈칸에 알맞은 관사를 쓰세요.

① [The] earth is round. 지구는 둥글다.

② I am [an] actor. 나는 배우다.

③ It is [a] good song. 그것은 좋은 노래다.

④ I like [the] moon. 나는 달을 좋아한다.

⑤ There is [an] elephant. 코끼리가 있다.

⑥ I am [a] pilot. 나는 비행기 조종사다.

⑦ I see [a] boy. 나는 소년을 본다.

⑧ There is [a] bird in [the] sky. 하늘에 새가 있다.

12

4 밑줄 친 부분을 바르게 고쳐 쓰세요.

① I like a sun. → the sun
나는 태양을 좋아한다.

② An banana is a fruit. → A banana
바나나는 과일이다.

③ There are some boxs. → boxes
상자가 조금 있다.

④ I have some coffees. → coffee
나는 커피가 조금 있다.

⑤ A sky is blue. → The sky
하늘은 파랗다.

⑥ You have twelve egges. → eggs
너는 계란 열 두개가 있다.

⑦ It is owl. → an owl
그것은 부엉이다.

⑧ Watch out for a car! → the car
그 차 조심해!

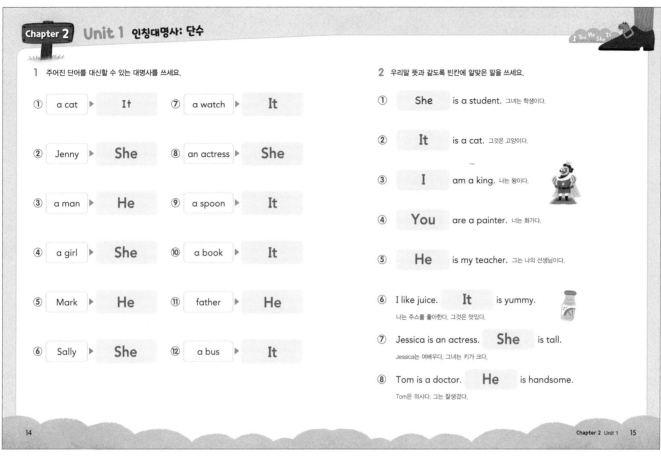

Chapter 2 Unit 1 인칭대명사: 단수

1 주어진 단어를 대신할 수 있는 대명사를 쓰세요.

① a cat ▶ It
② Jenny ▶ She
③ a man ▶ He
④ a girl ▶ She
⑤ Mark ▶ He
⑥ Sally ▶ She
⑦ a watch ▶ It
⑧ an actress ▶ She
⑨ a spoon ▶ It
⑩ a book ▶ It
⑪ father ▶ He
⑫ a bus ▶ It

2 우리말 뜻과 같도록 빈칸에 알맞은 말을 쓰세요.

① **She** is a student. 그녀는 학생이다.
② **It** is a cat. 그것은 고양이다.
③ **I** am a king. 나는 왕이다.
④ **You** are a painter. 너는 화가다.
⑤ **He** is my teacher. 그는 나의 선생님이다.
⑥ I like juice. **It** is yummy.
  나는 주스를 좋아한다. 그것은 맛있다.
⑦ Jessica is an actress. **She** is tall.
  Jessica는 여배우다. 그녀는 키가 크다.
⑧ Tom is a doctor. **He** is handsome.
  Tom은 의사다. 그는 잘생겼다.

14   Chapter 2 Unit 1   15

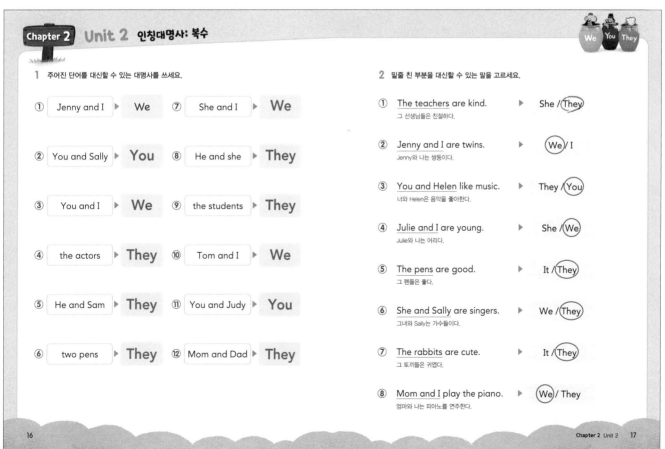

Chapter 2 Unit 2 인칭대명사: 복수

1 주어진 단어를 대신할 수 있는 대명사를 쓰세요.

① Jenny and I ▶ We
② You and Sally ▶ You
③ You and I ▶ We
④ the actors ▶ They
⑤ He and Sam ▶ They
⑥ two pens ▶ They
⑦ She and I ▶ We
⑧ He and she ▶ They
⑨ the students ▶ They
⑩ Tom and I ▶ We
⑪ You and Judy ▶ You
⑫ Mom and Dad ▶ They

2 밑줄 친 부분을 대신할 수 있는 말을 고르세요.

① The teachers are kind. ▶ She / (They)
  그 선생님들은 친절하다.
② Jenny and I are twins. ▶ (We) / I
  Jenny와 나는 쌍둥이다.
③ You and Helen like music. ▶ They / (You)
  너와 Helen은 음악을 좋아한다.
④ Julie and I are young. ▶ She / (We)
  Julie와 나는 어리다.
⑤ The pens are good. ▶ It / (They)
  그 펜들은 좋다.
⑥ She and Sally are singers. ▶ We / (They)
  그녀와 Sally는 가수들이다.
⑦ The rabbits are cute. ▶ It / (They)
  그 토끼들은 귀엽다.
⑧ Mom and I play the piano. ▶ (We) / They
  엄마와 나는 피아노를 연주한다.

16   Chapter 2 Unit 2   17

BASIC 1 Workbook 정답과 해설

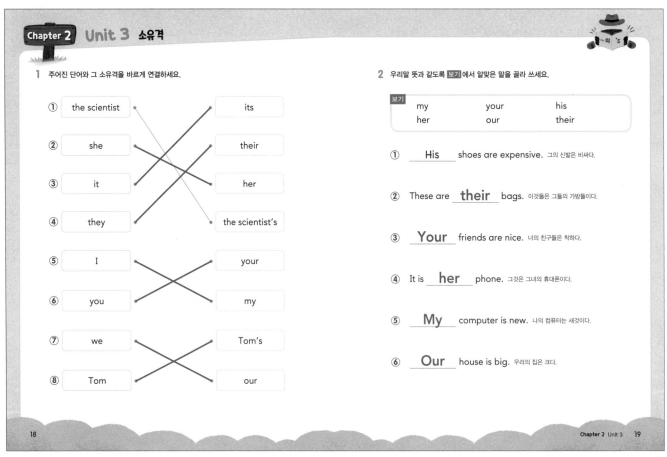

Unit 3 소유격

1 주어진 단어와 그 소유격을 바르게 연결하세요.

① the scientist — the scientist's
② she — her
③ it — its
④ they — their
⑤ I — my
⑥ you — your
⑦ we — our
⑧ Tom — Tom's

2 우리말 뜻과 같도록 보기 에서 알맞은 말을 골라 쓰세요.

보기
| my | your | his |
| her | our | their |

① __His__ shoes are expensive. 그의 신발은 비싸다.

② These are __their__ bags. 이것들은 그들의 가방들이다.

③ __Your__ friends are nice. 너의 친구들은 착하다.

④ It is __her__ phone. 그것은 그녀의 휴대폰이다.

⑤ __My__ computer is new. 나의 컴퓨터는 새것이다.

⑥ __Our__ house is big. 우리의 집은 크다.

18   Chapter 2 Unit 3 19

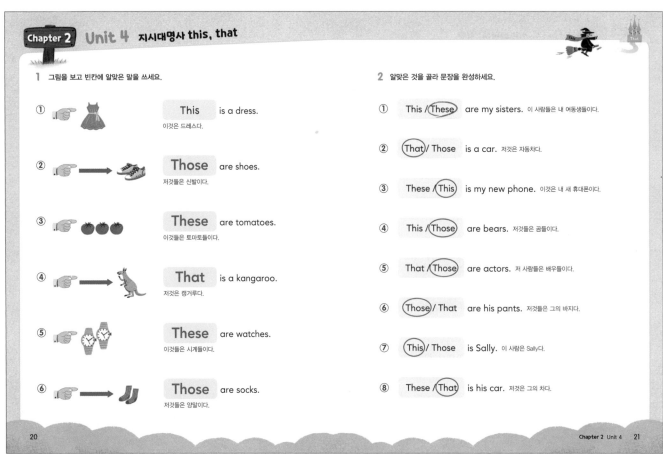

Chapter 2 Unit 4 지시대명사 this, that

1 그림을 보고 빈칸에 알맞은 말을 쓰세요.

① __This__ is a dress. 이것은 드레스다.

② __Those__ are shoes. 저것들은 신발이다.

③ __These__ are tomatoes. 이것들은 토마토들이다.

④ __That__ is a kangaroo. 저것은 캥거루다.

⑤ __These__ are watches. 이것들은 시계들이다.

⑥ __Those__ are socks. 저것들은 양말이다.

2 알맞은 것을 골라 문장을 완성하세요.

① This /(These) are my sisters. 이 사람들은 내 여동생들이다.

② (That)/ Those is a car. 저것은 자동차다.

③ These /(This) is my new phone. 이것은 내 새 휴대폰이다.

④ This /(Those) are bears. 저것들은 곰들이다.

⑤ That /(Those) are actors. 저 사람들은 배우들이다.

⑥ (Those)/ That are his pants. 저것들은 그의 바지다.

⑦ (This)/ Those is Sally. 이 사람은 Sally다.

⑧ These /(That) is his car. 저것은 그의 차다.

20   Chapter 2 Unit 4 21

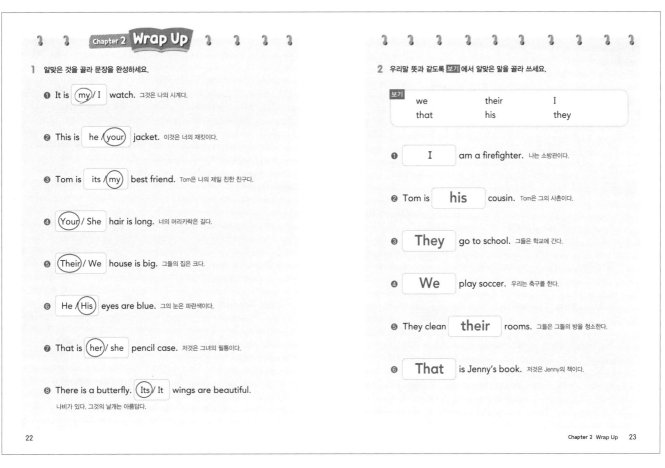

Chapter 2 Wrap Up

1 알맞은 것을 골라 문장을 완성하세요.

❶ It is (my)/ I watch. 그것은 나의 시계다.

❷ This is he /(your) jacket. 이것은 너의 재킷이다.

❸ Tom is its /(my) best friend. Tom은 나의 제일 친한 친구다.

❹ (Your)/ She hair is long. 너의 머리카락은 길다.

❺ (Their)/ We house is big. 그들의 집은 크다.

❻ He /(His) eyes are blue. 그의 눈은 파란색이다.

❼ That is (her)/ she pencil case. 저것은 그녀의 필통이다.

❽ There is a butterfly. (Its)/ It wings are beautiful.
나비가 있다. 그것의 날개는 아름답다.

2 우리말 뜻과 같도록 보기 에서 알맞은 말을 골라 쓰세요.

보기		
we	their	I
that	his	they

❶ __I__ am a firefighter. 나는 소방관이다.

❷ Tom is __his__ cousin. Tom은 그의 사촌이다.

❸ __They__ go to school. 그들은 학교에 간다.

❹ __We__ play soccer. 우리는 축구를 한다.

❺ They clean __their__ rooms. 그들은 그들의 방을 청소한다.

❻ __That__ is Jenny's book. 저것은 Jenny의 책이다.

3 우리말 뜻과 같도록 밑줄 친 부분을 바르게 고쳐 쓰세요.

❶ Jennys shoes are new. → __Jenny's__
Jenny의 신발은 새것이다.

❷ I wash I hands. → __my__
나는 나의 손을 닦는다.

❸ We is a scientist. → __He__
그는 과학자다.

❹ They music is good. → __Their__
그들의 음악은 좋다.

❺ These is my bag. → __This__
이것은 나의 가방이다.

❻ Your are smart. → __You__
너는 똑똑하다.

❼ That are my friends. → __Those__
저 사람들은 내 친구들이다.

❽ Where is Marys bag? → __Mary's__
Mary의 가방은 어디에 있니?

4 밑줄 친 부분을 대신할 수 있는 말로 바꿔 문장을 다시 쓰세요.

❶ The man is my father. → __He is my father.__
그 남자는 내 아버지다.

❷ The apples are sweet. → __They are sweet.__
그 사과들은 달콤하다.

❸ The book is new. → __It is new.__
그 책은 새것이다.

❹ Tom and Jerry are tall. → __They are tall.__
Tom과 Jerry는 키가 크다.

❺ You and I are cooks. → __We are cooks.__
너와 나는 요리사들이다.

❻ Sally is a student. → __She is a student.__
Sally는 학생이다.

❼ My sisters are twins. → __They are twins.__
내 언니들은 쌍둥이다.

❽ The cat is cute. → __It is cute.__
그 고양이는 귀엽다.

BASIC 1 Workbook 정답과 해설

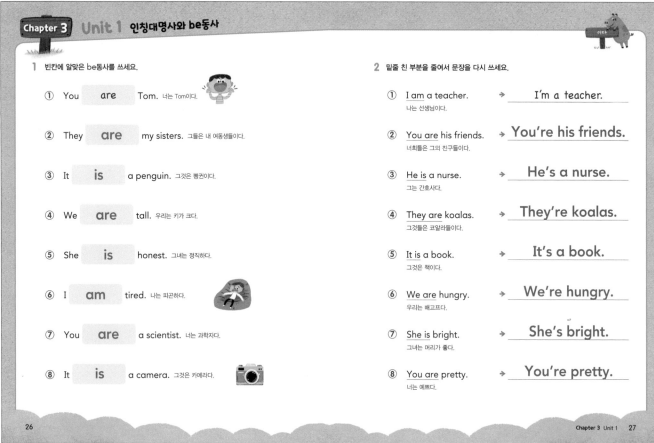

Chapter 3 Unit 1 인칭대명사와 be동사

1 빈칸에 알맞은 be동사를 쓰세요.

① You __are__ Tom. 너는 Tom이다.

② They __are__ my sisters. 그들은 내 여동생들이다.

③ It __is__ a penguin. 그것은 펭귄이다.

④ We __are__ tall. 우리는 키가 크다.

⑤ She __is__ honest. 그녀는 정직하다.

⑥ I __am__ tired. 나는 피곤하다.

⑦ You __are__ a scientist. 너는 과학자다.

⑧ It __is__ a camera. 그것은 카메라다.

2 밑줄 친 부분을 줄여서 문장을 다시 쓰세요.

① I am a teacher. → I'm a teacher.
나는 선생님이다.

② You are his friends. → You're his friends.
너희들은 그의 친구들이다.

③ He is a nurse. → He's a nurse.
그는 간호사다.

④ They are koalas. → They're koalas.
그것들은 코알라들이다.

⑤ It is a book. → It's a book.
그것은 책이다.

⑥ We are hungry. → We're hungry.
우리는 배고프다.

⑦ She is bright. → She's bright.
그녀는 머리가 좋다.

⑧ You are pretty. → You're pretty.
너는 예쁘다.

26   Chapter 3 Unit 1 27

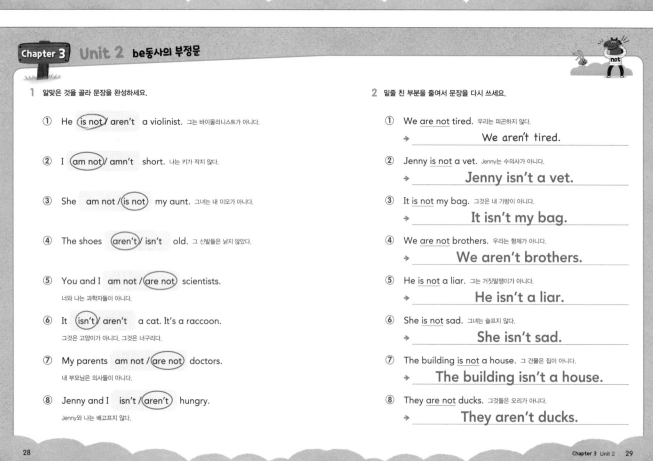

Chapter 3 Unit 2 be동사의 부정문

1 알맞은 것을 골라 문장을 완성하세요.

① He (is not)/ aren't a violinist. 그는 바이올리니스트가 아니다.

② I (am not)/ amn't short. 나는 키가 작지 않다.

③ She am not /(is not) my aunt. 그녀는 내 이모가 아니다.

④ The shoes (aren't)/ isn't old. 그 신발들은 낡지 않았다.

⑤ You and I am not /(are not) scientists.
너와 나는 과학자가 아니다.

⑥ It (isn't)/ aren't a cat. It's a raccoon.
그것은 고양이가 아니다. 그것은 너구리다.

⑦ My parents am not /(are not) doctors.
내 부모님은 의사들이 아니다.

⑧ Jenny and I isn't /(aren't) hungry.
Jenny와 나는 배고프지 않다.

2 밑줄 친 부분을 줄여서 문장을 다시 쓰세요.

① We are not tired. 우리는 피곤하지 않다.
→ We aren't tired.

② Jenny is not a vet. Jenny는 수의사가 아니다.
→ Jenny isn't a vet.

③ It is not my bag. 그것은 내 가방이 아니다.
→ It isn't my bag.

④ We are not brothers. 우리는 형제가 아니다.
→ We aren't brothers.

⑤ He is not a liar. 그는 거짓말쟁이가 아니다.
→ He isn't a liar.

⑥ She is not sad. 그녀는 슬프지 않다.
→ She isn't sad.

⑦ The building is not a house. 그 건물은 집이 아니다.
→ The building isn't a house.

⑧ They are not ducks. 그것들은 오리가 아니다.
→ They aren't ducks.

28   Chapter 3 Unit 2 29

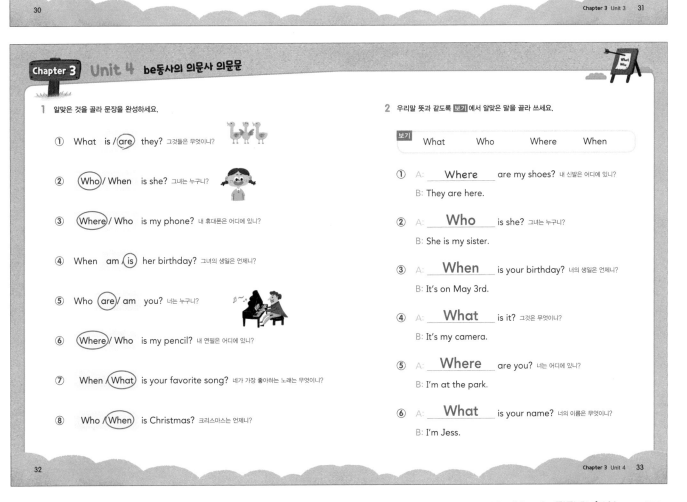

Chapter 3 **Unit 3** be동사의 의문문

Am, Are, Is + ~

1 주어진 문장을 의문문으로 바꿔 쓰세요.

① They are students. 그들은 학생들이다.
→ __Are they__ students?

② He is her cousin. 그는 그녀의 사촌이다.
→ __Is he__ her cousin?

③ My shirt is dirty. 내 셔츠는 더럽다.
→ __Is my shirt__ dirty?

④ You are hungry. 너는 배고프다.
→ __Are you__ hungry?

⑤ She is an actress. 그녀는 여배우다.
→ __Is she__ an actress?

⑥ The cars are expensive. 그 차들은 비싸다.
→ __Are the cars__ expensive?

⑦ Tom is your brother. Tom은 너의 남동생이다.
→ __Is Tom__ your brother?

⑧ They are firefighters. 그들은 소방관들이다.
→ __Are they__ firefighters?

2 빈칸을 채워 대화를 완성하세요.

① A: Are they rabbits? 그것들은 토끼들이니?
B: Yes, __they__ __are__ .

② A: Is he your uncle? 그는 너의 삼촌이니?
B: __No__ , he isn't.

③ A: Are we busy? 우리는 바쁘니?
B: Yes, __we__ __are__ .

④ A: Are you hungry? 너는 배고프니?
B: No, __I'm__ __not__ .

⑤ A: Is it your cap? 그것은 너의 모자니?
B: __Yes__ , it is.

⑥ A: Is he funny? 그는 재미있니?
B: Yes, __he__ __is__ .

30   Chapter 3 Unit 3 31

Chapter 3 **Unit 4** be동사의 의문사 의문문

1 알맞은 것을 골라 문장을 완성하세요.

① What is /(are) they? 그것들은 무엇이니?

② (Who)/ When is she? 그녀는 누구니?

③ (Where)/ Who is my phone? 내 휴대폰은 어디에 있니?

④ When am (is) her birthday? 그녀의 생일은 언제니?

⑤ Who (are)/ am you? 너는 누구니?

⑥ (Where)/ Who is my pencil? 내 연필은 어디에 있니?

⑦ When /(What) is your favorite song? 네가 가장 좋아하는 노래는 무엇이니?

⑧ Who /(When) is Christmas? 크리스마스는 언제니?

2 우리말 뜻과 같도록 보기 에서 알맞은 말을 골라 쓰세요.

보기   What   Who   Where   When

① A: __Where__ are my shoes? 내 신발은 어디에 있니?
B: They are here.

② A: __Who__ is she? 그녀는 누구니?
B: She is my sister.

③ A: __When__ is your birthday? 너의 생일은 언제니?
B: It's on May 3rd.

④ A: __What__ is it? 그것은 무엇이니?
B: It's my camera.

⑤ A: __Where__ are you? 너는 어디에 있니?
B: I'm at the park.

⑥ A: __What__ is your name? 너의 이름은 무엇이니?
B: I'm Jess.

32   Chapter 3 Unit 4 33

BASIC 1 Workbook 정답과 해설

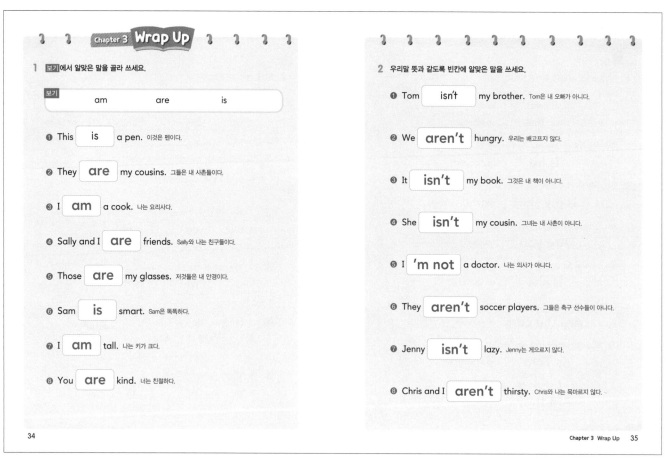

1 보기에서 알맞은 말을 골라 쓰세요.

보기: am   are   is

① This **is** a pen. 이것은 펜이다.

② They **are** my cousins. 그들은 내 사촌들이다.

③ I **am** a cook. 나는 요리사다.

④ Sally and I **are** friends. Sally와 나는 친구들이다.

⑤ Those **are** my glasses. 저것들은 내 안경이다.

⑥ Sam **is** smart. Sam은 똑똑하다.

⑦ I **am** tall. 나는 키가 크다.

⑧ You **are** kind. 너는 친절하다.

2 우리말 뜻과 같도록 빈칸에 알맞은 말을 쓰세요.

① Tom **isn't** my brother. Tom은 내 오빠가 아니다.

② We **aren't** hungry. 우리는 배고프지 않다.

③ It **isn't** my book. 그것은 내 책이 아니다.

④ She **isn't** my cousin. 그녀는 내 사촌이 아니다.

⑤ I **'m not** a doctor. 나는 의사가 아니다.

⑥ They **aren't** soccer players. 그들은 축구 선수들이 아니다.

⑦ Jenny **isn't** lazy. Jenny는 게으르지 않다.

⑧ Chris and I **aren't** thirsty. Chris와 나는 목마르지 않다.

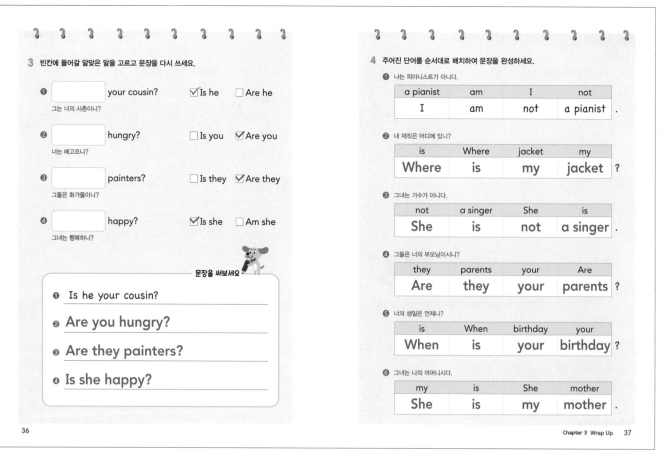

3 빈칸에 들어갈 알맞은 말을 고르고 문장을 다시 쓰세요.

① _____ your cousin? ☑ Is he ☐ Are he
그는 너의 사촌이니?

② _____ hungry? ☐ Is you ☑ Are you
너는 배고프니?

③ _____ painters? ☐ Is they ☑ Are they
그들은 화가들이니?

④ _____ happy? ☑ Is she ☐ Am she
그녀는 행복하니?

문장을 써보세요

① Is he your cousin?

② Are you hungry?

③ Are they painters?

④ Is she happy?

4 주어진 단어를 순서대로 배치하여 문장을 완성하세요.

① 나는 피아니스트가 아니다.

a pianist	am	I	not
I	am	not	a pianist .

② 내 재킷은 어디에 있니?

is	Where	jacket	my
Where	is	my	jacket ?

③ 그녀는 가수가 아니다.

not	a singer	She	is
She	is	not	a singer .

④ 그들은 너의 부모님이시니?

they	parents	your	Are
Are	they	your	parents ?

⑤ 너의 생일은 언제니?

is	When	birthday	your
When	is	your	birthday ?

⑥ 그녀는 나의 어머니시다.

my	is	She	mother
She	is	my	mother .

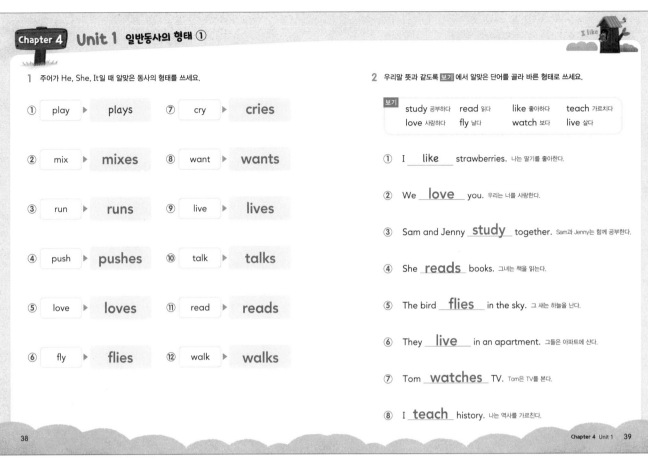

Chapter 4 Unit 1 일반동사의 형태 ①

1 주어가 He, She, It일 때 알맞은 동사의 형태를 쓰세요.

① play ▶ plays   ⑦ cry ▶ cries

② mix ▶ mixes   ⑧ want ▶ wants

③ run ▶ runs   ⑨ live ▶ lives

④ push ▶ pushes   ⑩ talk ▶ talks

⑤ love ▶ loves   ⑪ read ▶ reads

⑥ fly ▶ flies   ⑫ walk ▶ walks

2 우리말 뜻과 같도록 보기 에서 알맞은 단어를 골라 바른 형태로 쓰세요.

보기
study 공부하다   read 읽다   like 좋아하다   teach 가르치다
love 사랑하다   fly 날다   watch 보다   live 살다

① I __like__ strawberries. 나는 딸기를 좋아한다.

② We __love__ you. 우리는 너를 사랑한다.

③ Sam and Jenny __study__ together. Sam과 Jenny는 함께 공부한다.

④ She __reads__ books. 그녀는 책을 읽는다.

⑤ The bird __flies__ in the sky. 그 새는 하늘을 난다.

⑥ They __live__ in an apartment. 그들은 아파트에 산다.

⑦ Tom __watches__ TV. Tom은 TV를 본다.

⑧ I __teach__ history. 나는 역사를 가르친다.

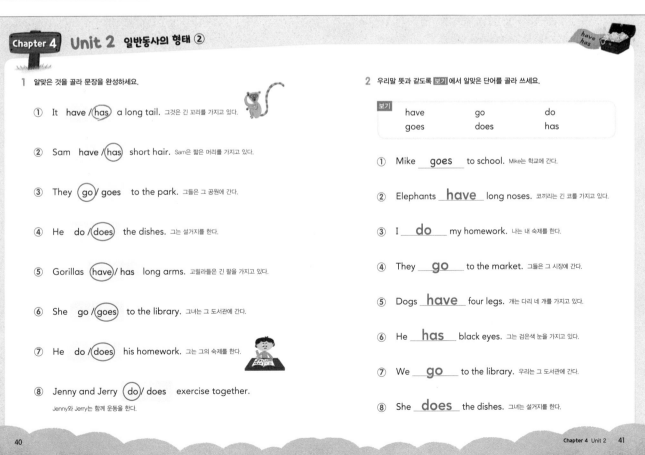

Chapter 4 Unit 2 일반동사의 형태 ②

1 알맞은 것을 골라 문장을 완성하세요.

① It have /(has) a long tail. 그것은 긴 꼬리를 가지고 있다.

② Sam have /(has) short hair. Sam은 짧은 머리를 가지고 있다.

③ They (go)/ goes to the park. 그들은 그 공원에 간다.

④ He do /(does) the dishes. 그는 설거지를 한다.

⑤ Gorillas (have)/ has long arms. 고릴라들은 긴 팔을 가지고 있다.

⑥ She go /(goes) to the library. 그녀는 그 도서관에 간다.

⑦ He do /(does) his homework. 그는 그의 숙제를 한다.

⑧ Jenny and Jerry (do)/ does exercise together.
Jenny와 Jerry는 함께 운동을 한다.

2 우리말 뜻과 같도록 보기 에서 알맞은 단어를 골라 쓰세요.

보기
have   go   do
goes   does   has

① Mike __goes__ to school. Mike는 학교에 간다.

② Elephants __have__ long noses. 코끼리는 긴 코를 가지고 있다.

③ I __do__ my homework. 나는 내 숙제를 한다.

④ They __go__ to the market. 그들은 그 시장에 간다.

⑤ Dogs __have__ four legs. 개는 다리 네 개를 가지고 있다.

⑥ He __has__ black eyes. 그는 검은색 눈을 가지고 있다.

⑦ We __go__ to the library. 우리는 그 도서관에 간다.

⑧ She __does__ the dishes. 그녀는 설거지를 한다.

BASIC 1 Workbook 정답과 해설

Unit 3 일반동사의 부정문

1 알맞은 것을 골라 문장을 완성하세요.

① I (don't)/ doesn't have a phone. 나는 휴대폰이 없다.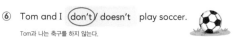

② You (don't)/ doesn't have a pen. 너는 펜이 없다.

③ He don't /(doesn't) drink coffee. 그는 커피를 마시지 않는다.

④ We (don't)/ doesn't watch TV. 우리는 TV를 보지 않는다.

⑤ She do not /(does not) like bananas.
그녀는 바나나를 좋아하지 않는다.

⑥ Tom and I (don't)/ doesn't play soccer.
Tom과 나는 축구를 하지 않는다.

⑦ Dogs (do not)/ does not have wings.
개들은 날개를 가지고 있지 않다.

⑧ Jenny do not /(does not) like pizza.
Jenny는 피자를 좋아하지 않는다.

2 주어진 문장을 부정문으로 바꿔 쓰세요.

① Jerry plays badminton. Jerry는 배드민턴을 친다.
→ Jerry ___**doesn't play**___ badminton.

② Tom and I like milk. Tom과 나는 우유를 좋아한다.
→ Tom and I ___**don't like**___ milk.

③ They go to school. 그들은 학교에 간다.
→ They ___**don't go**___ to school.

④ She plays the piano. 그녀는 피아노를 연주한다.
→ She ___**doesn't play**___ the piano.

⑤ I have a watch. 나는 시계가 있다.
→ I ___**don't have**___ a watch.

⑥ Sally cleans her room. Sally는 그녀의 방을 청소한다.
→ Sally ___**doesn't clean**___ her room.

⑦ The baby cries. 그 아기가 운다.
→ The baby ___**doesn't cry**___ .

⑧ The birds fly in the sky. 그 새들은 하늘을 난다.
→ The birds ___**don't fly**___ in the sky.

42   Chapter 4 Unit 3 43

Unit 4 일반동사의 의문문

1 주어진 문장을 의문문으로 바꿔 쓰세요.

① They like the singer. 그들은 그 가수를 좋아한다.
→ ___**Do they like**___ the singer?

② Tony goes to school. Tony는 학교에 간다.
→ ___**Does Tony go**___ to school?

③ You have a computer. 너는 컴퓨터가 있다.
→ ___**Do you have**___ a computer?

④ It has a long nose. 그것은 긴 코를 가지고 있다.
→ ___**Does it have**___ a long nose?

⑤ The girls play soccer. 그 소녀들은 축구를 한다.
→ ___**Do the girls play**___ soccer?

⑥ He likes dogs. 그는 개를 좋아한다.
→ ___**Does he like**___ dogs?

⑦ You have my book. 너는 내 책을 가지고 있다.
→ ___**Do you have**___ my book?

⑧ She teaches English. 그녀는 영어를 가르친다.
→ ___**Does she teach**___ English?

2 빈칸을 채워 대화를 완성하세요.

① A: Do you have my pen? 너는 내 펜을 가지고 있니?
B: ___**No**___ , I don't.

② A: Does Tom live here? Tom은 여기에 사니?
B: Yes, he ___**does**___ .

③ A: Do they like math? 그들은 수학을 좋아하니?
B: ___**Yes**___ , they do.

④ A: Does Sally have green eyes? Sally는 초록색 눈을 가지고 있니?
B: No, ___**she**___ ___**doesn't**___ .

⑤ A: Do you have sugar? 너는 설탕이 있니?
B: No, ___**I**___ ___**don't**___ .

⑥ A: Does he like coffee? 그는 커피를 좋아하니?
B: Yes, ___**he**___ ___**does**___ .

44   Chapter 4 Unit 4 45

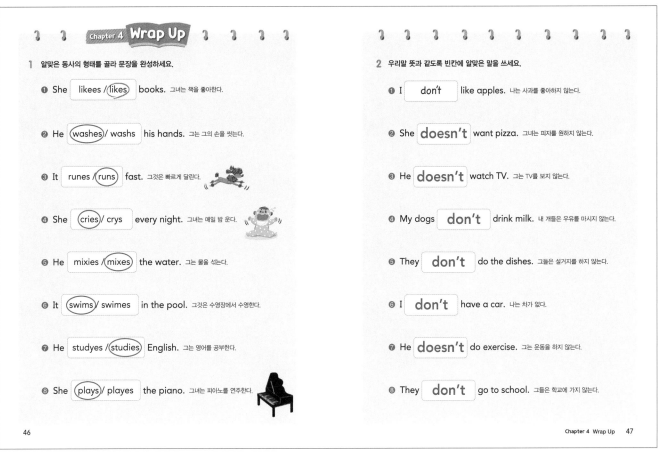

1 알맞은 동사의 형태를 골라 문장을 완성하세요.

❶ She likees / **likes** books. 그녀는 책을 좋아한다.

❷ He **washes** / washs his hands. 그는 그의 손을 씻는다.

❸ It runes / **runs** fast. 그것은 빠르게 달린다.

❹ She **cries** / crys every night. 그녀는 매일 밤 운다.

❺ He mixies / **mixes** the water. 그는 물을 섞는다.

❻ It **swims** / swimes in the pool. 그것은 수영장에서 수영한다.

❼ He studyes / **studies** English. 그는 영어를 공부한다.

❽ She **plays** / playes the piano. 그녀는 피아노를 연주한다.

2 우리말 뜻과 같도록 빈칸에 알맞은 말을 쓰세요.

❶ I **don't** like apples. 나는 사과를 좋아하지 않는다.

❷ She **doesn't** want pizza. 그녀는 피자를 원하지 않는다.

❸ He **doesn't** watch TV. 그는 TV를 보지 않는다.

❹ My dogs **don't** drink milk. 내 개들은 우유를 마시지 않는다.

❺ They **don't** do the dishes. 그들은 설거지를 하지 않는다.

❻ I **don't** have a car. 나는 차가 없다.

❼ He **doesn't** do exercise. 그는 운동을 하지 않는다.

❽ They **don't** go to school. 그들은 학교에 가지 않는다.

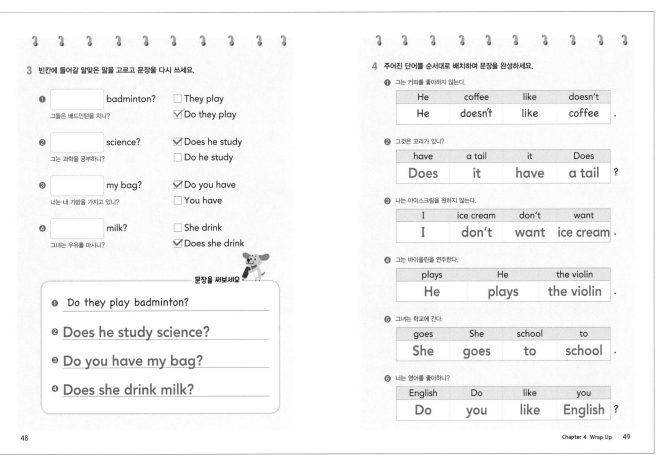

3 빈칸에 들어갈 알맞은 말을 고르고 문장을 다시 쓰세요.

❶ _____ badminton? ☐ They play
그들은 배드민턴을 치니? ☑ Do they play

❷ _____ science? ☑ Does he study
그는 과학을 공부하니? ☐ Do he study

❸ _____ my bag? ☑ Do you have
너는 내 가방을 가지고 있니? ☐ You have

❹ _____ milk? ☐ She drink
그녀는 우유를 마시니? ☑ Does she drink

문장을 써보세요

❶ Do they play badminton?

❷ **Does he study science?**

❸ **Do you have my bag?**

❹ **Does she drink milk?**

4 주어진 단어를 순서대로 배치하여 문장을 완성하세요.

❶ 그는 커피를 좋아하지 않는다.

He	coffee	like	doesn't
He	doesn't	like	coffee	.

❷ 그것은 꼬리가 있니?

have	a tail	it	Does
Does	it	have	a tail	?

❸ 나는 아이스크림을 원하지 않는다.

I	ice cream	don't	want
I	don't	want	ice cream	.

❹ 그는 바이올린을 연주한다.

plays	He	the violin
He	plays	the violin	.

❺ 그녀는 학교에 간다.

goes	She	school	to
She	goes	to	school	.

❻ 너는 영어를 좋아하니?

English	Do	like	you
Do	you	like	English	?